Les villes durables

Un regard sur l'environnement urbain en RDC

Jean Rufin MUNKUAMO GONZALEZE

Les villes durables

Un regard sur l'environnement urbain en RDC

Préface d'Érasme FUNDJI NGUNGU

L'Harmattan

5-7, rue de l'École-Polytechnique; 75005 Paris

www.editions-harmattan.fr

ISBN : 978-2-336-56428-9
EAN : 9782336564289

Du même auteur

1. OUVRAGES

Ekistique support d'écologie urbaine, Centre de recherche interdisciplinaire de l'Université Pédagogique Nationale (CRIDUPN, Kinshasa, 2024.

Gestion de l'environnement - un impératif pour sa durabilité, Centre interdisciplinaire (CERIL), Université Saint Dominique, Kinshasa, 2020.

Notions d'environnement, Centre de Recherche Pédagogique (CRP), Limete-Kinshasa, 2020.

Les problèmes environnementaux à Kinshasa, Centre de Recherche Interdisciplinaire de l'Université Pédagogique Nationale (CRIDUPN, Kinshasa, 2018.

2. ARTICLES

« Utilisation de l'eau de forages en République Démocratique Congo : une résilience socio-écologique salutaire et suicidaire » (*sous presse*), Presse de l'Université Pédagogique Nationale, PUPN, Kinshasa, 2025.

« Les villes africaines à la quête du bonheur écologique », in *International Journal of innovation and Applied Studies*, ISSN 2028 – 9324, Vol. 45, N°. 3 mai 2025, Casablanca, pp. 595 – 608.

« La croissance démographique en République Démocratique du Congo face aux enjeux du développement urbain durable », in *International Journal of innovation and Applied Studies*, ISSN 2028-9324, Vol.44, N°.4, Février 2025, Casablanca, pp. 898-903.

« Les plantes médicinales, une ressource précieuse et véritable trésor à protéger : une étude ethnobotanique de l'écosystème forestier d'Eyalé en République démocratique du Congo », in *International Journal of Innovation and Applied Studies*, ISSN 2028-9324, Vol.43, Issue 1, Juillet 2024, Casablanca, pp. 82-95.

« Performance des écosystèmes urbains congolais (RDC) à la lumière de la dynamique d'Agenda 21 », Presse de l'Université Pédagogique Nationale (PUPN), N° 099b (Avril –Juin) 2024, Kinshasa, pp. 57-66.

« Précarités urbaines à Kinshasa : dynamique d'un écosystème urbain congolais en crise de la durabilité environnementale, Presse de l'Université Pédagogique Nationale, Centre de recherche (PUPN), N° 097b, 2023, Kinshasa ; pp.

« Vision de l'ékistique au 21ème siècle à la lumière de la Charte d'Athènes et d'Agenda 21 ». Enjeu du développement urbain durable », in *International Journal of Innovation and Applied Studies*, ISSN 2028-9324, Vol.40, Issue 3, Septembre 2023, Casablanca, pp. 698-705.

« Les inondations meurtrières à Kinshasa : diagnostic et stratégies préventives intégrées pour la réduction des risques des catastrophes naturelles, in *International Journal of Innovation and Applied Studies*, ISSN 2028-9324, Vol. 40, Issue 3, Septembre 2023, Casablanca.

« Analyse des facteurs favorisants de la destruction des écosystèmes forestiers et leurs conséquences en RDC », in *International Journal of Innovation and Applied Studies*, ISSN 2028-9324, Vol.39, N° 4, Juin 2023, Casablanca, pp. 1692-1697.

« Vulnérabilités environnementales du lac Mai-Ndombe, une contribution à la résolution de la crise environnementale des écosystèmes lacustres en République

Démocratique du Congo », in *International Journal of Innovation and Applied Studies*, ISSN 2028-9324 Vol. 39, N°3, Mai 2023, pp. 1139-1148, Casablanca.

(Avec MBANGA P), « Etude de la Biomasse arienne de la forêt équatoriale en République Démocratique du Congo (RDC) et capacités de séquestration du CO_2 », in *International Journal of Innovation and Applied Studies*, ISSN 2028-9324, Vol. 39, N°1, 2023, Casablanca, pp.280-291.

(Collectif), « Problèmes environnementaux en milieux scolaires à Kinshasa : Etat des lieux et orientations pour une gestion durable », in *International Journal of Innovation and Applied Studies*, ISSN 2028-9324, Vol. 39, N° 1 Mars 2023, Casablanca, pp.121-128.

(Collectif), « Chemical Pollution Assessment in the Katanga Copper Belt Mining Region and Effluents Characterization (DRCongo, Subssaharam Africa) : An introctoory paper », in *International Journal of Science Academic Research*, vol 01. Issue 02, May 2020, pp. 058-060.

« Contraintes et défis de l'écologie urbaine en République Démocratique du Congo », in *International Journal of Innovation and Applied Studies*, vol 30, N° 1, July 2020, Casablanca, pp. 35-44.

« Crise écologique et la responsabilité humaine : une lecture de l'encyclique « Laudato Si » du Pape François », in *Cahiers congolais de Sociologie*, N° 39, Université de Kinshasa, Décembre 2018, pp. 101-118, Kinshasa.

« Stratégies de résiliences socio-économiques à Kinshasa/ RDC et impacts sur la sécurité socio-environnementales de la population urbaine », in *International Journal of Innovation and Applied Studies*

(ISSN), Vol. 16, Issue 4, June 2016, Casablanca, pp. 828-836.

(Avec G. MUSIBONO, D.), « Vulnérabilités environnementales et stratégies de survie urbaine en situation post-conflit en République Démocratique du Congo », in *International Journal of Innovation and Applied Studies* (ISSN), Vol.13, N°1, 2015, pp. 163-167.

« Les dérives éthiques dans l'environnement de la commune de Limete : Etat de lieux et perspectives », *Cahier congolais de Sociologie*, N°31, Département de Sociologie, Université de Kinshasa, 2014.

« Absence de l'urbanisme dans l'environnement de la commune de Limete », *Revue interdisciplinaire*, UPN, Kinshasa, 2014.

Préface

La rédaction de l'ouvrage intitulé « *Les villes durables, un regard sur l'environnement urbain en RDC* » se situe dans le cadre des efforts pluridisciplinaires consentis par les chercheurs à l'échelle mondiale.

En effet, la question liée à l'environnement urbain ne peut être dissociée à celle des villes durables dans les pays africains et plus particulièrement en République Démocratique du Congo. Ces pays sont confrontés à des sérieux problèmes de vulnérabilité environnementale qui engendrent des déséquilibres, affectent l'environnement et perturbent son fonctionnement naturel et social. A la suite de ces multiples recherches et expériences de terrain le professeur Rufin MUNKUAMO GONZALEZE estime que ces vulnérabilités environnementales ont fait émerger des résiliences urbaines, mécanismes par lesquels les ménages urbains vulnérables sont entrés dans les jeux et enjeux de luttes urbaines de survie. L'auteur de l'ouvrage montre par ailleurs que plus de 70 % de ménages urbains en RDC sont versés dans des résiliences pour tenter de durabiliser leur existence écologique, économique et sociale.

L'auteur de l'ouvrage poursuit sa réflexion en affirmant que malgré les multiples efforts consentis ces résiliences urbaines ne subsistent dans le temps, elles sont déficitaires sur plusieurs aspects des durabilités environnementales urbaines. Pour l'essentiel, la problématique du professeur Rufin MUNKUAMO GONZALEZE consiste à observer et à analyser la forme des vulnérabilités environnementales dans les milieux urbains congolais. Dans ce défi figure la croissance démographique incontrôlée, la pauvreté de masse, l'habitat et les conditions de logement précaires, l'insécurité alimentaire, l'accès difficile aux soins de santé et à l'éducation de qualité, l'état délabré de la voirie, le transport urbain lacunaire, le vol, le viol, etc. tous ces mots exacerbent la vulnérabilité urbaine et nui à la qualité de vie de la population urbaine. L'auteur ne s'arrête pas à la simple description de fait, il propose des solutions revitalisées de la vie dans les villes urbaines d'aujourd'hui et de demain.

C'est dans cette perspective que nous conseillons aux apprenants, chercheurs, autorités politiques, professeurs d'universités, étudiants, intellectuels de tout bord de lire et surtout de s'approprier de ce livre du professeur Jean-Rufin MUNKUAMO GONZALEZE non seulement pour découvrir les effets de vulnérabilité environnementale que l'on vit dans nos écosystèmes urbains en RDC, mais surtout pour savoir y faire face et agir pour un développement urbain durable.

Érasme FUNDJI NGUNGU

Professeur Ordinaire

Avant-propos

L'environnement urbain en RDC (Kinshasa, Lubumbashi, Kisangani et Matadi) fait actuellement face à une croissance extraordinaire de son contenant et contenu A l'état actuel, les écosystèmes urbains en RDC sont confrontés à de vulnérabilités et de la précarité à outrance des conditions de vie urbaine.

Ces vulnérabilités dans l'environnement urbain, sont sources de grands déséquilibres qui affectent son environnement naturel et construit, son urbanisation, ainsi que son fonctionnement social urbain.

Plus de 60 % de ménages urbains en RDC sont vulnérables. Ils sont en situation difficile de logement, d'alimentation, d'accès aux services sociaux de base, etc. Ils éprouvent de difficultés énormes de tous ordres qui constituent des contraintes majeures de viabilité et vivabilité environnementales urbaines.

Ainsi, les vulnérabilités environnementales croissantes ont fait émerger des résiliences urbaines, mécanismes par lesquels les ménages urbains vulnérabilisés sont entrés dans les jeux et enjeux sociaux de luttes urbaines de survie. Plus de 70% de ménages urbains en RDC sont versés dans des résiliences, pour tenter de durabiliser leur existence écologique, économique et sociale.

Cependant, en dépit des efforts consentis, ces résiliences urbaines ne subsistent pas dans le temps. Elles sont déficitaires sur plusieurs aspects de durabilité environnementale urbaine.

Les défis relevés sont, pour cette étude, des occasions pour proposer des solutions appropriées, à dimension à la fois scientifique, politique et citoyenne, pour que l'on parvienne à rénover les politiques environnementales, afin de placer les villes de la RDC sur l'orbite de la durabilité environnementale à l'instar d'autres grandes villes au monde.

Introduction

Cet ouvrage sur ***Les villes durables : un regard sur l'environnement urbain en RDC***, se donne une double tache : la première consiste à mettre en lumière les enjeux du développement urbain durable, et la seconde, à présenter les vulnérabilités auxquels font face l'environnement urbain en République Démocratique du Congo congolais.

En effet, l'environnement urbain en République Démocratique du Congo fait actuellement face à une croissance extraordinaire de leur contenant et contenu. A l'état actuel, il est confronté aux vulnérabilités écologiques, économiques et sociales. Ces vulnérabilités dans les villes congolaises, sont sources de grands déséquilibres qui affectent l'environnement naturel et construit, son urbanisation, ainsi que son fonctionnement social urbain.

Plus de 60 % de ménages dans les milieux urbains en République Démocratique du Congo sont vulnérables. Ils sont en situation difficile d'accès aux services sociaux de bases.

Ainsi, les vulnérabilités environnementales croissantes ont fait émerger des résiliences urbaines, mécanismes par lesquels les ménages vulnérabilisés sont entrés dans les jeux et enjeux sociaux de luttes urbaines de survie. Plus de 70 % de ménages urbains en République Démocratique du Congo sont versés dans des résiliences, pour tenter de durabiliser leur existence écologique, économique et sociale.

Malheureusement, en dépit des efforts consentis, ces résiliences urbaines ne subsistent pas dans le temps. Les résiliences, stratégies ou mécanismes de survie sont donc, déficitaires sur plusieurs aspects de durabilité environnementale urbaine.

Face aux différentes formes des vulnérabilités environnementales urbaines, il est aujourd'hui urgent de repenser la manière de pouvoir sauver la population urbaine congolaise de tous les risques qui la guettent, dans ses conditions de vulnérabilités. Sauver la population urbaine congolaise dans sa dignité intégrale, c'est aussi sauver son environnement et l'inscrire dans la dynamique de développement durable. La durabilité environnementale urbaine est un résultat qui se construit dans la manière, la population urbaine à vivre, à travailler, à circuler et à se recréer décemment dans un environnement sain et durable.

Chapitre I
Écosystème Ville (*Urbs*)

La notion de ville (*Urbs*) est vieille. Elle remonte à l'antiquité. Elle était présente dans plusieurs civilisations anciennes : égyptienne, chinoise, grecque, romaine, etc.

I.1. GÉNÉRALITÉS

La notion « Urbs » est polysémique du fait qu'elle est comprise différemment suivant les spécialités des sciences humaines (Géographe, Historien, Sociologue, Economiste, Philosophe) ou des sciences environnementales contemporaines. Cependant, en dépit de la multiplicité d'ordre définitionnel, certains auteurs ont presque le même point de vu de l'appréhension de ce concept « ville ».

Vidal de la Blanche (2009) conçoit la ville comme une « artificialité du site ». En tant qu'un produit artificiel, la ville présente des « risques naturels ». Cet auteur portait déjà des critiques pour des activités industrielles du $19^{\text{ième}}$ siècle en milieux urbains, car, estime-t-il, ces activités qui sont essentielles pour la satisfaction des besoins de la population (travail, production des biens) sont des sources de beaucoup de problèmes environnementaux : pollution atmosphérique et aquatique, nuisances multiformes (mauvaises odeurs, bruits, inesthétique du milieu urbain).

Rey (2006) voit la ville comme « un milieu géographique et social formé par des constructions et dont les habitants travaillent… ».

Dorier-Appril (2006) perçoit la ville dans ses composantes physique et sociale. Elle énonce la ville comme « une densité de population qui entraîne une surcharge environnementale ».

Monet (2007) définit la ville comme « un corps social de vie dont les noyaux familiaux résistent à l'instabilité (vulnérabilités environnementales) ».

De ces quatre définitions distinctes retenues ici, les recoupements des éléments constitutifs de corps de définitions permettent de faire ressortir les convergences suivantes :

La ville est un milieu social, un environnement artificialisé ou humanisé et dont les fonctions d'habitat et de travail sont primordiales pour le bien-être des citadins.

La densité humaine (concentration) est un critère important de la formation d'une ville, mais aussi un facteur de risques. La surcharge environnementale est le premier facteur de vulnérabilités urbaines.

Du point de vue des géographes, la notion de ville implique l'agglomération d'une population, c'est-à-dire la concentration de l'habitat et des activités ; des activités qui se distinguent de l'exploitation directe du sol, conduisent à la spécialisation des tâches et contribuent notamment aux échanges et à l'encadrement d'une société ; un mode de vie, de forme de sociabilité particulière, un aménagement des espaces qui impliquent une organisation collective.

On est donc en présence de trois définitions spatiales :

- la ville comme fait politique,
- la ville comme fait géographique,
- la ville comme fait socio-économique.

La ville c'est aussi un marché largement ouvert aux échanges, un nœud de circulation monétaire, un vaste atelier où l'homme industrieux façonne les objets librement, échappant aux contraintes de l'ordre naturel.

La ville semble se définir à partir de quatre critères : démographique, morphologue, fonctionnel et socio-culturel.

A. ***Les critères démographiques*** : l'approche la plus simple pour définir la ville est de la relier à la densité de population. L'agglomération conduit en effet, à la concentration des hommes et donc à l'augmentation de la densité. Dans certaines villes, la densité décroit fortement à mesure que l'on s'éloigne du centre.

B. ***Les critères morphologiques*** : pour compléter des critères démographiques, on cherche à assigner une limite topographique à la ville en s'appuyant sur un critère morphologique. Cependant, comme la ville n'est plus circonscrite dans les remparts aisément identifiables, il convient de trouver de nouvelles discontinuités pour la délimiter. Généralement l'on retient celle du « bâti ».

C. ***Les critères fonctionnels*** : la définition de la ville passe par ses activités, c'est-à-dire par un critère fonctionnel.

La ville est d'abord le centre du pouvoir politique, administratif, judicaire et fiscal auquel s'ajoutent souvent le pouvoir religieux et le pouvoir militaire. La ville est ensuite un centre économique : c'est une place commerciale, un marché qui organise et favorise les échanges des produits. En troisième lieu, la ville est un centre industriel au sens large du terme. Enfin et surtout, la ville est tertiaire. Elle est un lieu qui offre une gamme plus au moins étendue et complexe de services aux particuliers et aux entreprises.

D. ***Les critères socio-culturels*** : la ville est enfin définie par une dimension socio-culturelle spécifique. La ville ne se caractérise ni par le nombre, ni par des activités des hommes qui font résident, elle est associée à l'idée de civilisation dont qu'elle est d'ailleurs considérée comme l'expression la plus aboutie. La ville définit aussi une communauté.

Du point de vue écologique, on peut définir un écosystème « urbs » en tenant compte de l'activité humaine : « un écosystème urbain est un champ d'actions composé d'organismes vivants, des composantes naturelles de milieux de vie et d'éléments techniques qui sont en interactions avec l'énergie, la matière et l'information, entre eux et avec leur environnement ». L'écosystème ville c'est aussi un ensemble de structures relationnelles qui lient les êtres vivants entre eux et à leur environnement inorganique.

La ville étant une totalité, elle est composée d'éléments naturels et artificiels. Ces deux types d'éléments en interactions multiples et profondes doivent s'organiser harmonieusement afin de permettre un bon fonctionnement et une évolution optimale du système urbain.

I.2. NAISSANCE D'UNE VILLE

La naissance d'une ville est liée à l'ensemble des conditions géographiques d'une contrée qui ont favorisé leur naissance, leur implantation et leur croissance. Les causes historiques et culturelles sont des facteurs qui s'ajoutent.

C'est pourquoi, la construction de la cité et plus tard celle de la ville sont comprises toutes deux comme des produits de l'activité et de l'intelligence humaines.

Contrairement aux milieux ruraux qui se caractérisent par des établissements humains de type homogène ou monotone et bâtis sur les normes moins rigoureuses, les établissements humains de milieux urbains sont de type hétérogène, dynamique dans le temps et l'espace. Ils sont soumis aux respects des normes et principes pour une existence durable. D'où, l'importance de Schémas Directeur d'Aménagement Urbain (SDAU) et du respect du Plan d'Occupation du Sol (POS), dans les processus de la création d'une ville. La ville par rapport au village, doit être voulue, souhaitée, définie, planifiée, éco gérée pour le bien-être de la population urbaine.

I.3. CROISSANCE ET DÉVELOPPEMENT DE LA VILLE

Comme un individu, la ville croît et se développe. Elle peut atteindre dans son cycle de vie une apogée et mourir. Cependant, l'on a pu constater qu'actuellement, ce sont les villes populeuses, populaires et modernisées qui attirent d'avantage la population et les investissements dans le secteur industriel. L'afflux de la population et d'activités diverses en zones urbaines permettent de réaliser la révolution urbaine. On passe de la ville ordinaire à la ville métropolitaine de genre mégapole (ou une ville renfermant plus de 10.000.000 d'habitants). Malheureusement, l'afflux de la population et des activités industrielles dans les zones urbaines créent des problèmes environnementaux multiples.

L'extension des villes se fait aux dépens des campagnes environnantes qui comportent souvent des terres fertiles. Il faut donc un développement équilibré des villes et campagnes pour la durabilité des espaces urbains.

Par exemple à Kinshasa, l'exode rural est très élevé à cause de la pauvreté dans les milieux périphériques de la ville. Cela est à la base de la croissance continue de la ville et de la crise urbaine. Ainsi dans cette ville, les quartiers résidentiels sont transformés en quartiers commerciaux et plusieurs citadins pauvres vont habiter les zones non aedificandi.

Tout ceci signifie que le développement de la ville dépend de la croissance démographique. Celle-ci est forte dans les villes des pays en développement et faible dans les villes des pays riches et développés. Pour l'écologie urbaine, l'avenir de la ville pour notre millénaire dépend de plus en plus de la maîtrise de la démographie et de la technologie. Ces deux paramètres entrent directement dans la qualité de la viabilité environnementale des villes en forte croissance.

Au regard de plusieurs aspects qui se dégagent de concept de la ville et de son environnement global, un certain nombre d'éléments sont caractéristiques de cet environnement. Voici certains éléments qui sont en guise de la caractérisation de l'environnement urbain.

Du point de vue écologique, l'environnement urbain, c'est un cadre de vie. Dans l'environnement urbain, l'abri doit être décent, l'alimentation variée et équilibrée, l'emploi rémunérateur, accès facile aux soins de santé adéquats et à l'éducation de qualité, le repos et la récréation sécurisé, le droit à la liberté protégé.

L'environnement urbain est aussi un espace qui reçoit tous les déchets issus de différentes activités de l'homme.

I.4. ASPECTS STRUCTURO-FONCTIONNELS DE LA VILLE

Les aspects structuro- fonctionnels de l'écosystème ville concerne : condition de vie urbaine : taille haute et taille limite de ville, taille de ville et développement économique ;

A. Condition de vie urbaine

La ville doit être dotée de services spécialisés ci-après : climat et pollution, santé : mortalité infantile, mortalité générale, santé mentale, criminalité, revenu et coût de la vie, logement, éducation et culture (niveaux de scolarisation) ; innovation et recherche, loisir, distribution commerciale et services, coût des infrastructures urbaines, productivité de services urbains (énergie, eau), trafic et congestion (longueur de trajet).

Autres aspects de conditions de vie urbaine : densité et taille de la ville, encombrement et comportement social, aliénation urbaine, état de vie ; participation politique, réussite socio-économique et mobilité, croissance de vie, etc.

B. Taille de la ville

La ville doit disposer les services spécialisés affectés ou promis à emploi et chômage, structure des activités (emplois non fondamentaux et emplois urbains spécifiques), productivités, structure de la consommation, épargne, propension à l'importation, comportement démographique, développement économique.

L'environnement urbain c'est aussi une mosaïque d'écosystèmes avec des espaces vitaux devant être gérés conformément aux exigences de la planification écologique, du développement propre et d'habitat III.

Il faut savoir que toutes les caractérisations ci-dessus décrites de l'environnement urbain font de ce dernier un système à un double emploi. En effet, au niveau du système l'environnement urbain, sur le plan structuro-fonctionnel, se comporte intrinsèquement à la fois comme un contenant et un contenu.

I.5. TYPOLOGIE DES VILLES

I.5.1. La ville traditionnelle

La ville a une histoire. Celle-ci évolue conformément à la culture des peuples urbains dominants en particulier et à celle des citadins en général. C'est notamment le cas de la ville de Médina en Arabie Saoudite.

Le mot arabe *medina* signifie « ville » ; il apparait à la naissance de l'Islam au 7ème siècle et représente la partie ancienne de la ville de ce milieu par opposition aux quartiers modernes. Médina constitue, dans plusieurs villes des pays arabes, la partie traditionnelle de la ville, en raison de leur patrimoine et des savoirs faire qu'elles abritent. La médina de Fès est la plus grande du monde.

Sans pour autant marquer l'archaïsme, la Médina est une particularité dans la nouveauté. Elle sert à préserver les ressources culturelles urbaines traditionnelles dans la juxtaposition des « villes historiques », « villes traditionnelles » ou « villes indigènes » dans la création et la dynamique des « villes nouvelles ». Une médina se caractérise par ses échanges avec les zones rurales environnantes qui la nourrissent et par les activités marchandes qui la soutiennent. Les médinas sont donc des milieux de mixité d'activités urbaines, en formant au sein de la même ville une pluralité de fonctions urbaines : résidentielles, économiques, sociales et culturelles.

La médina de Tunis est classée au patrimoine mondial de l'Unesco, depuis 1979. Elle joue un rôle important dans la revitalisation des arts et des traditions diverses qui ont modelé un artisanat de grande qualité et d'un grand intérêt pour le tourisme durable. Malheureusement, avec la destruction de ces patrimoines culturels anciens mais aussi avec la mondialisation, toutes ces villes traditionnelles sont en voie de disparition.

I.5.2. La métropole

Une ***métropole***, emprunt du bas latin *metropolis* (« capitale d'une province ») et du grec *mêtropoles* (« ville mère »), est la ville principale d'une région géographique ou d'un pays, avec une grande ville et des villes environnantes.

Généralement, elle figure à la tête d'une aire urbaine importante, par sa grande population, ses activités économiques, culturelles, etc. Plusieurs villes métropolitaines sont des capitales de certains Etats.

Sur le plan ékistique, les métropoles doivent privilégier les réseaux (communication, habitat, travail, économie, culture, etc.) dans leurs approches pour améliorer la qualité des services et les facilités urbaines.

I.5.3. La mégalopole

La ***mégalopole***, une réalité urbaine, est de plus en plus le phénomène ékistique le plus important.

Du grec *mega*, *megalos*, « grand » et *polis*, « ville »), elle est un espace urbanisé polynucléaire formé de plusieurs agglomérations dont les banlieues et couronnes périurbaines s'étendent tellement qu'elles finissent par se rejoindre, et cela sur de longues distances. Elle se réalise grâce à la conurbation (assemblage spontané ou mécanique de plusieurs villes en présence). Sur le plan démographique, une ville est reconnue comme une mégapole lorsqu'elle comporte, auparavant plus de 10 millions d'habitants, sur une étendue pouvant atteindre plusieurs centaines de kilomètres de long.

Cependant, entre une mégapole et une mégalopole, à côté du nombre d'habitants s'ajoute un autre critère pour caractériser la mégalopole, à savoir la complexité de réseaux. Hormis les réseaux de communication, toutes les mégapoles sont constituées de bâtiments en hauteur ou gratte-ciels pour loger les habitants.

I.5.4. La cité universelle (oecumenopolis)

La « *cité universelle* » représente une ville qui se crée à travers le monde entier ; une ville qui renferme plusieurs réalités constitutives des habitants de la planète. En réalité, le terme d'urbanisme prospectif fait référence à un possible phénomène de fusion d'aires urbaines et de mégalopoles à l'échelle globale. Cela est possible grâce à la mondialisation qui unit plusieurs cultures sur un même espace mondialisé au sein d'un village global.

Cependant, au regard du développement important de la population sur le plan mondial, cette possibilité pourra se réaliser, mais avec plusieurs contraintes écologiques qu'il convient déjà d'envisager et de proposer les voies de contours, afin de créer une ville cosmopolite durable de ce genre. Toutefois, par rapport à cette aspiration, il convient de dire que la naissance, la croissance, le développement et le déclin de tous les divers établissements humains dépendent de l'application de forces ékistiques et de l'écologie urbaine.

Chapitre II

Environnement urbain et villes durables

L'environnement urbain est perçu et appréhendé comme contenu comprenant cinq groupes de variables, en interrelation les unes et les autres, à savoir :

- les composantes inanimées ou sans vie (biotope) : roches, cours d'eau, air ou l'atmosphère ambiante ;

- les composantes organiques ou biotiques (biocénose) : biodiversité urbaine existante par sa faune (mammifères, oiseaux, reptiles, amphibiens, poissons) et sa flore (plantes supérieures, végétation herbacée, lianes, plantes ornementales, etc.) ;

- la population humaine (anthropocénose) : démographie urbaine dans sa composition, sa structuration spatiale (habitants ou résidents des zones urbaines regroupés administrativement en communes, quartiers, rues, etc.) et évolution temporelle ;

- les composantes culturelles : monuments, architecture ;

- la technosphère ou œuvres créées par l'homme : ouvrages urbains (ponts et chaussées, bâtiments, etc.), équipements ou infrastructures urbaines de : transport, eau, énergie, traitement de déchets ménagers et industriels, commerce, exploitation des ressources…

La présence de toutes ces composantes ainsi que l'agacement d'une composante à côté de l'autre permettent de tirer deux leçons sur la présentation de l'environnement urbain : d'abord, cet environnement est trop complexe dans sa structuration et son organisation ; ensuite, en dépit de sa complexité, il a lieu de dire qu'il s'agit d'un environnement anthropocentrique. Car, l'ensemble du fonctionnement des composantes de l'environnement urbain est centré sur l'homme ou les communautés humaines.

C'est ainsi que, dans une approche classique, comprendre et connaitre les deux implications ci-haut tirées de l'approche structuro-fonctionnelle de l'environnement urbain est la finalité de toute analyse portant sur l'écologie urbaine. Elle permet de conduire l'aménagement de l'environnement urbain vers une « écologie durable ».

Pour l'écologie urbaine, il faut une ville écologiquement durable. Par celle-ci, il faut entendre l'existence d'une ville qui se caractérise par un environnement varié, mais en équilibre stable. C'est pourquoi, l'organisation structurelle et fonctionnelle d'une telle ville juxtapose, à côté de la naturalité, plusieurs autres éléments artificiels rocheux et métalliques : bâtiments, réseaux routiers, canalisations, machines et engins, etc. Cette agrémentation de la naturalité et de l'artificialité doit se faire dans des proportions égales, afin de maintenir l'équilibre écologique du milieu urbain, un indice de la durabilité urbaine.

II.1. CARACTERISATION DE L'ENVIRONNEMENT URBAIN

Ce que l'on entend par « l'environnement urbain », c'est son cadre de vie. Ce dernier doit être optimal. Pour cela, d'une part, il faut préserver les écosystèmes naturels dans leur diversité, fonction, productivité, etc. D'autre part, il faut stabiliser la qualité de vie de la population à travers l'aménagement urbain. C'est ce dernier qui peut apporter un plus dans le bien-être des citadins en leur mettant en place : habitat, équipements sociaux pour l'approvisionnement en vue de satisfaire les besoins divers (énergie, eau douce), agriculture et alimentation, espace verts et divers.

Outre cette caractéristique, l'environnement urbain est un réceptacle holistique. Il doit se caractériser par l'assainissement et la qualité de vie environnementale. Pour cela, l'environnement urbain doit se constituer comme un système autonome de traitement des déchets produits par les différentes activités anthropiques urbaines. Cela permet d'avoir un environnement biophysique de qualité. L'environnement urbain biophysique est un aspect fondamental de la qualité de vie urbaine. Car, c'est d'elle que dépend la santé de l'écosystème « URBS ». Il comprend d'un côté le biotope (cadre ou milieu de vie biochimique) et de l'autre côté la biocénose (cadre ou milieu de vie biologique).

Pour la durabilité de vie urbaine, l'environnement urbain se caractérise par « la qualité environnementale » du milieu physique (climat, santé des écosystèmes et de leurs ressources), la croissance économique, l'accès aux services de base de base de qualité (eau salubre, assainissement hygiénique), etc. Hormis ceci, d'autres éléments fondamentaux caractéristiques de la qualité de l'environnement biophysique urbain sont l'optimisation dans la production et l'utilisation des flux de matières et d'énergie. Elles sont toutes indispensables pour le bon fonctionnement de l'écosystème urbain.

Concernant l'environnement humain, la « qualité environnementale urbaine » est observée par la mise en œuvre de ceci : droit à la vie ; droit à un minimum de sécurité et d'inviolabilité de la personne ; droit à la liberté de penser, de conscience et de religion ; droit à la participation. Ce dernier se montre comme une conditio

II.2. ELEMENTS DE GESTION RATIONNELLE DE L'ENVIRONNEMENT URBAIN

Il s'agit des éléments qui, intériorisés par l'homme peuvent lui permettre d'adopter les attitudes d'un bon intendant des ressources environnementales. En d'autres termes, avant toute intervention dans l'environnement, avant tout prélèvement des ressources, il ira chercher d'abord :

- à connaitre et à comprendre les ressources environnementales et à procéder à la comptabilité environnementale ;

- à protéger, conserver et planifier les prélèvements des ressources ;

- à gérer des ressources de manière durable ou soutenable, voire de manière économique, social et écologique, en vue d'assurer leur renouvelabilité et recyclabilité ;

- à pratiquer le monitoring : suivi, contrôle, évaluation, restauration, assainissement ;

- à évaluer les impacts environnementaux, en vue d'appliquer le management environnemental ou le système de management (SME) et savoir quand et comment réparer ;

- à se comporter en consommateur- payeur ou en pollueur- payeur.

Ce qui précède doit avoir aussi comme support :

1. les principes écologiques qui commandent le fonctionnement des écosystèmes ou de l'environnement ;

2. les cycles naturels où doivent circuler de manière interrompue l'énergie, la matière et l'information ;

3. les systèmes naturels eau et sol qui sont sources et supports de la vie ;

4. la biodiversité rassemblant les ressources biologiques support de développement des communautés humaines.

II.3. PLANIFICATION URBAINE

La planification urbaine est une politique de bonne gestion de l'espace urbain élaborée par l'autorité publique pour assurer la protection, la promotion, l'amélioration et la conservation du sol et des espèces vivantes qui y habitent et qui constituent des écosystèmes urbains et ressources de valeur dont on doit garantir la santé de l'utilisation rationnelle et prudente.

L'aménagement de l'espace est une notion qui met en relief l'existence d'une volonté d'intervention, d'une politique volontariste de transformer une situation existante.

L'aménagement de l'espace signifie disposer avec ordre en vue d'un certain but. L'aménagement de l'espace se propose de substituer un nouvel ordre à l'ancien, de créer une meilleure disposition, une meilleure répartition dans l'espace de ce qui constitue les éléments de fonctionnement d'une société. Il contribue à modifier la composition, la physionomie, la structure et le fonctionnement d'un territoire ou d'un écosystème, en agissant sur un ou plusieurs de ses composantes.

L'aménagement de l'espace suppose l'existence d'un « projet social » comportant des objectifs collectifs, ce qui nécessite la recherche d'un équilibre entre les impératifs économiques et les nécessités sociales.

Si le concept d'aménagement du territoire a été forgé en 1949, il aurait fallu que son institutionnalisation ait été faite lors de la Conférence de Stockholm, en 1972, à la fin de laquelle on avait demandé à tous les Etats de changer de modes de production et de consommation. Cela sous-entendait changer de mode de gestion de l'espace en tant que « contenant » mais aussi son « contenu », c'est-à-dire les autres ressources naturelles qui ne sont pas espace.

L'Aménagement ne saurait se concevoir sans l'intervention de l'écologie, qui apporte les bases conceptuelles et méthodologiques indispensable à la rationalisation des rapports que les hommes entretiennent avec les milieux ou ils vivent (Duvignaud, 1989). Ainsi, l'écologie est devenue un outil de travail qui permet de mieux cerner les réalités spécifiques, les potentialités du milieu naturel, de fournir des informations précieuses afin d'améliorer la production primaire (végétale) et secondaire (animal), et finalement d'assurer une saine gestion et une utilisation durable des ressources naturelles.

L'approche écologique fournit l'information scientifique indispensable à une bonne compréhension des capacités de production des écosystèmes et de leur évolution, indispensable aussi à l'élaboration d'une bonne gestion des ressources, à une correction ou à une amélioration des conditions rencontrées. Dès lors, la gestion écologique est devenue nécessaire et urgente à différents niveaux de décision et d'intervention. Elle consiste à conférer aux écosystèmes des qualités se rapportant à leur utilisation la plus souhaitable et la plus opportune, compte tenu de la pression exercée sur eux par les usagers directs ou indirects, professionnels et amateurs, et de leur nécessaire sauvegarde.

La planification écologique cherche à résoudre le conflit entre aménagement et Milieu naturel. Avant d'aménager quelque écosystème, quelque territoire, espace, milieu que ce soit, il faut savoir :

- que la nature est un système organisé, cette organisation a pris des million d'années ;

- que la modification d'une seule des conditions peut perturber gravement l'écosystème ;

- que les modifications à leur tour créent des conditions nouvelles ;

- que ce sont les seules plantes vertes qui sont capables de réaliser la photosynthèse, principe de maintien et de la création de la vie ;

- que la productivité est déjà faible dans la nature en passant d'un niveau trophique à un autre plus élevé ; le rendement ainsi que le transfert, du point de vue énergétique diminue ;

- que face à une démographie extensible, galopante, les écosystèmes sont non extensibles.

L'aménagement devient écologique lorsque les différentes opérations sont considérées dans leurs effets combinés et leurs interactions avec les milieux naturels. La planification écologique met l'accent sur l'insertion, l'intégration totale des sociétés et de leur intervention dans les milieux naturels. Elle dénonce les démesures, les concentrations, les surexploitations qui accompagnent l'humanisation croissante de la surface de la Terre.

La planification écologique vise, en quelque sorte, à remédier aux excès, aux déséquilibres, aux disparités provoqués par des actions géographiques trop libres, trop spontanées, trop axées sur les profits, trop liées à des faits de domination et d'exploitation. La planification écologique correspond à une philosophie de cadre de vie, de l'espace naturel comme élément essentiel de développement.

II.4. PRINCIPES ET CONDITIONS DU DEVELOPPEMENT URBAIN DU FUTUR

Si l'on tient au développement durable de l'environnement urbain du futur, il est important de veiller sur un grand « principe » de la charte d'Athènes : « les villes cohérentes ». La cohérence est un concept-clé de la charte qui doit s'appliquer à tous les niveaux d'organisation et à tous les points de l'espace. C'est un principe fédérateur qui exprime les relations et la bonne intégration entre les éléments du bâti et les différentes fonctions ; il intègre des liaisons entre infrastructures et réseaux d'information et de communication. C'est dans cette optique que les urbanistes doivent aujourd'hui travailler.

Au niveau social, la cohérence (sociale) vise le respect des personnes en tant qu'individus mais aussi en tant que membres de groupes formant la société. Cette cohérence permet d'atteindre un équilibre et d'assurer le bien-être de chacun et de tous au sein du système social. Les échanges entre les différents groupes sociaux doivent être rendus possibles et les disparités économiques prises en compte. Un équilibre devra être trouvé entre l'identité culturelle d'une ville et les identités des groupes qui y résident ou y travaillent. La politique du logement devra prendre en compte la flexibilité, résultat de l'évolution rapide des besoins et des moyens des résidents. C'est pourquoi, en vertu de la cohérence, il faudrait que l'accès au logement, aux équipements sociaux soit financièrement accessible à tous.

Sur le plan économique, la cohérence (économique) défend l'idée selon laquelle la croissance économique et la croissance urbaine sont intrinsèquement liées entre elles. C'est cette interdépendance qui soutient la durabilité économique urbaine. Pour cela, il faudrait que les activités économiques de nature diverse soient à la portée de tous. De même, les fondements économiques et les revenus minimum de base doivent être garantis par rapport au travail fourni, pour répondre aux besoins des citadins. L'interdépendance requiert de maitriser le marché, les transactions, commerces, pour des équilibres financiers au niveau de la micro et de la macroéconomie. En effet, les villes du futur ont besoin de nouvelles et grandes perspectives d'emploi, de revenus meilleurs…Sans cela, il y aura des risques de déclin d'activités économiques, des résurgences de la pauvreté urbaine de masse, de l'insécurité alimentaire, etc. Tout cela constitue des signes accusateurs d'incohérence économique qui figure à la base du nouveau phénomène d'émigration vers des villes du Nord, eldorado des migrants.

II.5. LES VILLES DURABLES

Une *ville durable*, c'est une ville dont l'environnement est durable, l'économie forte, avec un sens social et culturel communautaire ; les villes durables améliorent le bien-être des organisations actuelles et futures des citadins. Elle doit être caractérisée par une éco économie.

Une ville durable, c'est une ville qui prend en compte l'écologie, mais aussi le social, l'économie et la démocratie. L'individu doit trouver sa place dans la société, dans le respect de ses choix marchands, consuméristes et productifs. Une ville durable est un modèle de vie soutenable pour ses habitants et ce, à tous les niveaux : habitat, diverses sources de pollution, économie, transport, énergie, redistribution et pouvoir de décision locale. Tout ceci doit fonctionner en interaction, d'où l'importance de l'approche systémique.

Le sort de la durabilité de l'écosystème *Urbs* se joue à l'interface de trois écologies : l'écologie scientifique, l'écologie politique et l'écologie citoyenne.

L'*écologie scientifique* se refait à la nature pour sauver l'écologie urbaine de l'écosystème *Urbs* en péril. Son attention doit se focaliser sur les composantes écologiques abiotiques et biotiques affectées par la crise et le déséquilibre écologique dans les écosystèmes naturels urbanisés : air, eau, sol, flore, faune et techno sphère.

L'*écologie politique* quant à elle, doit s'impliquer dans une refondation complète d'un modèle économique et sociale actuelle, à travers un processus de transition qui doit se déployer dans la société comme au sein des systèmes de production et de régulation économique et sociale. Elle appelle d'autres règles des jeux politiques, pour réduire les vulnérabilités urbaines directes et indirectes. Seule la bonne gouvernance locale peut pousser au développement durable à l'échelle urbaine.

Pour la durabilité d'un écosystème urbain, l'*écologie citoyenne* doit être à la base de la participation aux problèmes écologiques. Des citadins doivent se connecter à leurs problèmes pour faire face aux crises.

Pour la durabilité environnementale urbaine, la *politique* seule, en tant que science et ensemble d'actions à mettre en œuvre pour résoudre les problèmes de l'environnement social, ne suffit pas. Pour être efficace face aux défis urbains de la durabilité environnementale, la politique doit associer l'écologie dans sa démarche. Ici, l'écologie est prise à la fois comme une science naturelle et humaine. C'est en mettant l'écologie au cœur de l'urbanisme et/ou de l'urbanisation qu'une ville peut devenir une *éco-ville*, une caractéristique de la ville durable.

II.5.1. Caractéristiques sociales de la ville durable

Quatre fonctions ou caractéristiques sociales définissent la ville durable, à savoir : habiter décemment, travailler décemment, circuler décemment et se récréer ou se distraire décemment.

- *Habiter décemment* est la première fonction caractéristique de la ville. Habitat II, en 1996 a fait de l'habitat urbain pour tous, son slogan essentiel. Il se réalise grâce à l'accès des citadins au logement de qualité. En effet, c'est le logement qui assure l'habitat. Pour Rio (1992), les établissements humains urbains sont la base de l'habitat. Ils doivent répondre au critère de la viabilité pour permettre un habitat décent. Pour cela, l'habitat durable doit faire l'objet d'une politique nationale cohérente.

- *Travailler décemment* est la deuxième fonction sociale qui caractérise la ville. La ville a pour mission de développer l'épanouissement intégral de sa population. Ce développement ne peut se réaliser sans un emploi noble. L'emploi permanant et rémunérateur doit concerner au moins 80 % de la population active. En ville, une personne sans emploi est privée de la vie et se trouve exposée aux vulnérabilités socioéconomiques. Tous les secteurs urbains de l'emploi (secteur primaire avec l'agriculture et l'élevage, secteur secondaire ou l'industrialisation et le secteur tertiaire de la production de biens et services) doivent être opérationnels pour assurer l'emploi de qualité aux citadins.

- *Circuler décemment* constitue la troisième fonction sociale caractéristique de la ville. Cette fonction pose deux problèmes, à savoir : la qualité de la voirie urbaine et le problème d'accessibilité aux moyens de transport pour tous. L'accessibilité suppose la distance ou la proximité du demandeur et la valeur du coût à la portée des citadins. La fluidité de circulation est une composante essentielle pour la qualité du transport urbain.

- *Se récréer ou se distraire décemment* fait partie de quatrième fonction caractéristique de la ville. Cette fonction suppose des infrastructures de base pour les divers loisirs : terrain de football, basketball, cinémas, espaces verts, espaces bleus (cours d'eau, piscines, lacs, plages, …), espaces verts.

Les espaces verts dans toutes leurs formes (forêts, savanes, potagers familiaux, jardins, parcs écologiques, terrains de loisirs divers, espaces semi publics, jardins éducatifs…) constituent les poumons de la ville et favorisent les systèmes ou organismes vivants. C'est dans cet esprit que Bernard Kalaora (1998) s'est fait l'apôtre des espaces verts urbains. Il affirme que les espaces verts urbains sont des « hauts lieux d'accueil, de loisirs de citadins ».

II.5.2. Rendre la ville durable

Pour concevoir une ville durable, il faut tout d'abord la placer dans le contexte d'un système. On doit, de prime abord savoir que le changement d'une variable tel que la densité de la population, a toujours un impact négatif sur toutes les autres parties du système urbain. Par exemple, une grande densité de la population entraine une plus grande demande de logements, en transports publics, et en parkings : et une consommation accrue d'énergie pour le chauffage, les besoins domestiques et la climatisation.

Une ville durable doit se doter d'une politique urbaine et claire, permettant au conseil municipal de la gérer efficacement. Ceci est essentiel, parce qu'une mauvaise organisation, la corruption et un conseil municipal inefficace aggravent une partie de problèmes associés à l'urbanisation. Elle devrait être conçue de manière à réduire la consommation d'énergie et que l'on préserve les ressources naturelles (air, eau...). Elle devrait avoir des codes qui exigent que les immeubles, les véhicules motorisés et les appareils électriques consomment peu d'énergie. Une ville durable utiliserait autant que possible l'énergie solaire et d'autres formes d'énergie renouvelables.

Une ville durable doit être conçue de manière à réduire les déchets et la pollution et les déchets en réutilisant et en recyclant les matériaux dans des usines de traitement des déchets. La plupart des déchets solides (papiers, plastiques, boîtes en aluminium, etc.) devraient être réutilisés ou recyclé. On fabriquerait du compost avec les déchets organiques triés que l'on utiliserait pour enrichir le sol des espaces agricoles ou maraîchers. On utiliserait des plantes pour filtrer et épurer les eaux usées dans de grands bassins ou, même mieux, dans des lagunes qui pourraient fournir à la faune et flore des ressources.

Une ville durable devrait comporter de grands espaces verts qui sont les habitats pour la faune et flore, maintenant ainsi la diversité biologique. Ces espaces verts sont aussi des lieux de loisirs pour les citadins. Des parcs et autres espaces verts à l'intérieur de la ville, encouragent les habitants à passer plus de temps à l'extérieur, ce qui renforce la conscience du milieu naturel. L'espace vert et la santé sont liés.

Une ville durable devrait être concentrée sur les personnes et non sur les véhicules. Les citadins devraient pouvoir se déplacer en ville à pied ou à vélo ou, pour les distances plus longues avec les transports en commun. L'usage d'automobiles privés devrait être limité et les transports publics devraient être facilement disponibles, propres et pas chers. Limiter l'utilisation des voitures réduirait aussi la consommation de combustibles fossiles et la pollution de l'air générée par les véhicules à moteur.

Les personnes vivant dans la ville durable devraient faire pousser une partie de leur nourriture dans des jardins situés même sur de toits, des jardinières, des serres et jardins communautaires, par exemple. Actuellement, les jardinets urbains fournissent environ 15 % de la nourriture consommée dans les villes du monde, et il est prévu que ce chiffre augmente.

Le développement compact devrait être la principale caractéristique de la ville durable. Les terrains abandonnés et les zones industrielles seraient nettoyés et réaménagés, réduisant ainsi l'empiètement des villes sur les zones rurales voisines, c'est-à-dire les fermes, les zones humides et les forêts. Mais, à l'heure actuelle, il n'existe pas beaucoup de villes durables. Cependant, de nombreuses villes apportent des exemples uniques d'initiatives durables spécifiques.

Pour la concrétisation d'une ville durable, l'on doit engager des actions de sensibilisation de grande envergure pour une sérieuse prise de conscience. C'est cela aussi la bonne gouvernance environnementale. Elle est d'abord une affaire des institutions : sociales, politiques, scientifiques, etc.

L'objectif général poursuivi par les villes durables consiste à « améliorer, du point de vue social, économique et écologique, la qualité de ces établissements et les conditions de vie et de travail de tous, en particulier des pauvres des zones urbaines ».

Chapitre III

Environnement urbain en RDC face aux enjeux du développement durable

La RDC est l'un des grands pays en Afrique subsaharienne, couvrant plus de 2.345.000 km^2, refermant plus de 80 millions d'habitants et plusieurs agglomérations urbaines, parmi lesquelles figurent les villes métropolitaines : Kinshasa, Lubumbashi, Kisangani et Matadi.

A l'état actuel, plus ces grandes villes sont confrontées à des problèmes environnementaux qui entravent leur développement durable. Parmi ceux-ci figurent : la pauvreté, la guerre, l'insécurité alimentaire, les catastrophes naturelles, les maladies, etc. Tous ces défis vulnérabilisent la qualité de vie de populations urbaines. Ils sont sources de grands déséquilibres qui affectent l'environnement naturel et construit, l'urbanisation, ainsi que le fonctionnement social urbain.

Plus de 60 % de ménages urbains en RDC sont vulnérables (Munkuamo, 2023). Ils sont en situation difficile de logement, d'alimentation, d'accès aux services sociaux de base, etc. Ils éprouvent de difficultés énormes de tous ordres qui constituent des contraintes majeures de viabilité et vivabilité environnementales urbaines. Ces difficultés constituent des facteurs limitant de possibilités de la plupart de ménages urbains à prévenir les risques environnementaux et leurs aléas sur les vies humaines.

La précarité et les vulnérabilités urbaines dans les milieux urbains en RDC résultent par deux faits essentiels :

l'incapacité du système politique à répondre adéquatement aux besoins essentiels de la population urbaine et le dysfonctionnement interne de quatre fonctions urbaines : habiter, travailler, circuler et se récréer décemment (Rio, 1992).

III.1. LES VULNÉRABILITÉS ÉCOLOGIQUES

Les vulnérabilités écologiques caractérisent un état de déséquilibre écologique du milieu susceptible d'accroître les risques environnementaux et de porter des dommages écologiques et sanitaires irréversibles aux communautés vivantes dans les écosystèmes naturels et anthropisés. En d'autres termes, un milieu naturel (un système écologique) est vulnérable lorsqu'il est incapable de résister aux menaces environnementales qui pèsent sur lui. Ce sont les menaces extérieures irrésistibles par le milieu naturel ou les systèmes écologiques qui constituent les vulnérabilités écologiques.

Les indicateurs des vulnérabilités écologiques dans l'environnement urbain en République Démocratique du Congo sont présentés dans les tableaux 1.

Tableau 1. Indicateurs de vulnérabilités écologiques

Vulnérabilité écologique	Kin	Lub	Kis	Mat	Tot
Fréquence	50	50	50	50	50
Absence d'espaces verts	32	06	11	27	71
Vulnérabilité thermique	33	03	48	44	128

Pollution multiforme	41	20	28	31	120
Absence d'assainissement	39	13	17	40	109
Prolifération des déchets	50	16	24	44	134
Dégradation des sols	33	06	05	16	60
Inondation	46	02	08	12	68

Source : Munkuomo, 2025.

Les résultats du tableau 1 permettent de rendre compte d'une multiplicité d'indicateurs caractéristiques de la vulnérabilité écologique dans l'environnement urbain en République Démocratique du Congo. Il s'agit des indicateurs suivants :

(1). ***Vulnérabilité d'écosystèmes urbains*** par l'absence d'espaces et ceintures verts intra-urbains et péri-urbains, protecteurs de l'environnement biophysique (35,5 %). Les espaces verts sont les poumons de la ville. Les espaces verts servent à la maximisation du bien-être dans l'environnement urbain. Décapiter les espaces verts, c'est vulnérabiliser la ville et la tuer dans son essence naturelle. E. Lambin (2009) lie la ville écologique à la nature verte. Dans l'environnement urbain congolais, les espaces verts sont en dégradation continue à cause de la pression anthropique sur la flore et la végétation urbaine ainsi que de l'absence de politique effective d'aménagement.

Cependant, la dégradation des espaces verts est source de facteurs de vulnérabilités écologiques de milieux. Elle a un impact négatif sur la flore et la faune urbaine.

(2). ***Vulnérabilité thermique***. Dans les milieux urbains en RDC, la population est vulnérabilisée suite à l'existence des ilots de chaleur entraînant des conditions de vie humaines de plus en plus difficilement supportable (64 %). Les villes les plus exposées sont Kisangani (96 %), Matadi (88 %) et Kinshasa (66,3 %).

Avec les variabilités climatiques, des ilots de chaleur se constituent dans l'environnement urbain. Elles rendent insupportables ou parfois difficilement supportables la température diurne ou nocturne. Les effets divers de ces ilots de chaleurs sont : transpirations, déshydratation, malaise, insomnie, forte activité des moustiques, etc. La vulnérabilité de stress thermique varie avec les catégories sociales. Les enfants, personnes âgées et les femmes enceintes sont plus vénérables à l'hyperthermie et aux stress thermiques.

(3). ***Vulnérabilité des biotopes urbains***, à cause de la pollution protéiforme et des nuisances de l'environnement biophysique humanisé (60 %). Il s'agit des polluants physiques, biologiques et chimiques. Les villes de Kinshasa (82 %), Matadi (62 %) et Lubumbashi (40 %) sont les grands polluants. A cause de la démographie éléphantesque pour les villes de Kinshasa et Matadi et de la production des différents minerais à proximité de la ville de Lubumbashi. Tous ces polluants biologique, chimique et physique exposent les citadins à plusieurs pathologies métaboliques, respiratoires, infectieuses, Les principaux polluants mis en cause dans la pollution chimique dans les milieux urbains en RDC sont : les métaux lourds (préférentiellement le plomb), les oxydes de carbone (monoxyde de carbone ou CO, le dioxyde de carbone CO_2), les oxydes d'azote (dioxyde d'azote NO_2), les oxydes de soufre (dioxyde de SO_2), les hydrocarbures (méthane CH_4 et benzène C_6H_6), l'ozone (O_3) résultant de la combinaison de Composés Organiques Volatils (COV) et du contexte climatique.

Pour les vulnérabilités dues aux pollutions, dans la ville de Kinshasa, la pollution sonore est la plus remarquable. Pour les vulnérabilités associées aux nuisances, les mauvaises odeurs sont le lot quotidien de certains ménages urbains dans la ville de Matadi.

(4). ***Insécurité environnementale*** par la quasi absence d'assainissement (54,5 %).

(5). ***Accumulation des déchets ménagers et mécaniques*** dans les lieux publics (67%) : dans l'environnement urbain en RDC comme partout au monde, l'environnement urbain est un réceptacle immense des déchets, dont la gestion chaotique occasionne de crises environnementales graves. Ces déchets biodégradables et non biodégradables mal gérés, sont source des vulnérabilités et des risques sanitaires. Les facteurs socioéconomiques sont à la base de la production des déchets dont les impacts négatifs de mauvaise gestion affectent la qualité de vie dans les milieux urbains. Parmi ceux-ci figurent : la croissance démographique, l'urbanisation, l'industrialisation et la consommation. Tous ces facteurs s'influencent mutuellement dans leurs actions. Le mauvais contrôle de leur évolution contribue à l'aggravation de vulnérabilités environnementales.

Généralement, les déchets ménagers solides produits par les ménages urbains sont de deux natures : déchets biodégradables et déchets non dégradables.

Les déchets biodégradables sont des sources de vulnérabilité environnementale lorsqu'ils sont mal conditionnés provoquent des phénomènes de pollutions biologiques et de nuisances olfactives et visuelles. Quant aux déchets non dégradables, ils sont dangereux pour l'environnement urbain, à cause du volume important qu'ils commencent à prendre. A titre d'exemple, aucun ménage kinois ne peut se passer actuellement de sachets en plastique qui sont utilisés au quotidien. La prolifération des déchets non biodégradables dans l'environnement urbain congolais résulte à la fois de la négligence, du manque de traitement de ces déchets, qui impose un processus complexe de recyclage de leurs matières et de l'absence de l'assainissement.

(6) ***La dégradation des sols*** (50%) : dans le contexte environnemental, le sol est perçu comme une ressource naturelle, parce que le facteur édaphique est essentiel pour la végétation et le maintien des équilibres écologiques. En ce sens, les vulnérabilités édaphiques sont un aspect pédologique lié à la dégradation de propriétés physique, chimique et biologique des sols. Les érosions hydriques vulnérabilisent l'environnement édaphique par la dégradation des sols et inondations fréquentes des milieux et menaces de catastrophes (34 %). Dans l'environnement urbain de Kinshasa, par exemple, l'on compte plus de deux mille têtes d'érosions (Miti, 2015). A l'état actuel, toutes ces multitudes d'érosions actives ou non actives vulnérabilisent et insécurisent la population kinoise.

II.2. VULNÉRABILITÉS ÉCONOMIQUES

L'économie est tout ce qui a un coût, un prix, un avantage pour l'épanouissement durable. L'objet de l'économie peut porter sur la nature, les biens matériels et immatériels, les patrimoines et les divers services. Fondamentalement, le foyer de l'économie c'est le ménage. En effet, la viabilité du ménage ou la pérennisation du mode de vie et du bien-être du ménage ont été au cœur du fondement de l'économie, d'abord domestique et puis scientifique, par la théorisation de certains problèmes et situations à caractère économique.

A l'heure actuelle, tout ce qui est processus de développement, à savoir d'abord le développement comme projet sectoriel ou global de la société, ensuite le développement humain (qualité de vie de l'homme, au centre du développement) et enfin le développement durable (conjonction de la qualité de la nature et de la vie humaine individuelle ou collective, piliers de ce développement), constitue une démarche progressive qui s'accomplit en mettant en œuvre l'économie. Ainsi, les éléments de base qui fondent l'économie sont : la production, la transformation, la commercialisation, la consommation, l'emploi, le salaire ou revenu, les dépenses, le rejet, etc.

Tous ces éléments fonctionnent dans un cycle au sein des structures économiques formelles (Etat, ménages, marchés, entreprises) et non formelles (société globale, communautés de base, agglomérations urbaines). Dans ce mode cyclique du fonctionnement économique dans les sociétés, c'est la rupture du cycle économique qui crée de vulnérabilités économiques, avec ses effets d'entraînement sur les systèmes écologiques ou naturels et sociaux. De vulnérabilités économiques provoque un déboitement de la mécanique du développement durable et une crise systémique aiguë de l'environnement.

Dans les ménages urbains, les indicateurs concernés sont : le revenu ménager, le nombre de repas journaliers, les dépenses alimentaires familiales, les frais scolaires, l'évaluation des agrégats économiques (revenu national, produit intérieur brut, etc.).

Tableau 2. Indicateurs de vulnérabilités économiques dans l'environnement urbain en RDC

Vulnérabilité économique	Kin	Lub	Kis	Mat	Tot
Fréquence	50	50	50	50	200
Pauvreté de masse	38	27	41	44	150
Faible revenu mensuel	33	38	42	46	159
Un repas / Jour	37	06	04	16	63
Épargne zéro	22	36	44	38	140

Source : Résultats de terrain, 2025.

Le tableau 2 met en relief quelques indicateurs économiques majeurs que l'on rencontrés dans les ménages urbains en RDC. Il s'agit de la pauvreté de masse, le faible revenu mensuel des ménages, le nombre des repas pris par jour.

(1). ***Pauvreté urbaine croissante*** **:** quand on parle de l'environnement, on désigne en particulier une relation qui existe entre la nature et la société qui l'habite. Il n'y a pas de crise séparée entre la nature et la société. C'est pourquoi, le plus grand ennemi de l'environnement, c'est la pauvreté. Ainsi, l'on doit combattre intégralement la pauvreté pour rendre la dignité des citoyens. C'est pourquoi François (2015), plaide pour le triomphe de la « justice sociale ». Il appelle à prendre soin et de la maison commune et de chacun de ceux qui l'habitent.

Cependant, il ressort que dans l'environnement urbain en RDC, la pauvreté qui touche une partie importante de la population (75 %) ne permet pas aux ménages de sauvegarder le patrimoine de l'environnement urbain.

Dans les ménages urbains en RDC, le chômage et le sous-emploi affectent la population active et créent de l'insécurité sociale généralisée et des vulnérabilités sociales. En effet, à cause du chômage et du sous-emploi, plusieurs ménages ploient sous le fardeau les vulnérabilités sociales. Ils ont difficile à accéder aux services sociaux de base : logement décent, alimentation de qualité, éducation de base, soins de santé primaires, etc. Les taux d'analphabétisme, de morbidité et de mortalité croissent inexorablement sous l'impuissance de l'Etat qui joue très mal son rôle de régulation, d'administration de la société et d'encadrement des employés et employeurs.

Dans certains ménages, personne n'exerce un emploi. Dans cette catégorie, il est certain que les membres vivent au « taux du jour », avec tous les risques de vulnérabilité que cela peut comporter : crise écologique, crise économique, crise sociale, crise sanitaire, mauvais habitat, etc. Toutes ces conséquences montrent le visage multiple de vulnérabilités que les ménages, sans emploi, peuvent subir de façon synergique dans l'environnement de leur existence sociale.

(2) ***Faible revenu mensuel*** : plus de 70% de ménages urbain ont un faible revenu mensuel et sont incapables de vivre dignement. D'où dans ces conditions infrahumaines, beaucoup de parents ont des difficultés pour satisfaire les besoins essentiels des ménages. Beaucoup d'enfants restent dans les ménages sans étudier. En conséquence, les ménages se fourvoient dans des endettements infernaux pour accéder aux facilités de services sociaux et lutter contre les précarités,

(3) ***Insécurité alimentaire*** : les ménages urbains éprouvent des problèmes d'insécurité alimentaire. A part les communautés religieuses, la majorité de ménages (31,5

%) atteste avoir qu'un repas par jour, peu importe l'heure qu'ils qualifient de gong unique et généralement le soir. C'est la quantité d'aliments qui compte et non la qualité. Cette rareté de repas est un signe patent de la précarité. Cependant, l'effort de la femme est déterminant dans la recherche d'un semblant sécurité alimentaire familiale, grâce à la débrouillardise qui symbolise l'existence de la vulnérabilité.

Pour suppléer à cela, les citadins ont pris du goût au « malewa », repas des rues (streetfoods), une solution alternative appauvrissant, avec plusieurs risques sanitaires sur les consommateurs.

(4) ***Epargne zéro*** : le premier investissement des ménages urbains en RDC c'est pour l'alimentation. Avec un faible revenu mensuel, beaucoup de parents éprouvent des difficultés poursatisfaire les besoins essentiels des ménages. Ce maigre niveau de salaire vulnérabilise les ménages urbains, à tel point que 70 % des ménages urbains vivent sans une épargne à la banque.

III.3. VULNÉRABILITÉS SOCIALES

Une autre dimension sociale du développement durable réside sur la sécurité sociale. Le prix de la sécurité sociale et du développement durable est à la fois dans l'emploi, l'alimentation, le logement, l'éducation, la santé et d'autres services sociaux de base de qualité. Contrairement au développement économique qui vise la quantité, le développement humain et son pendant, le développement durable, sont tous les deux les produits de la qualité de vie. C'est pourquoi, toute dégradation de la qualité de vie dans l'environnement social est sujette de vulnérabilités sociales.

Tableau 3. Indicateurs de vulnérabilités sociales

Vulnérabilité sociales	Kin	Lub	Kis	Mat	Tot
Fréquence	50	50	50	50	200
Problème de logement	42	22	31	38	133
Mauvaise qualité d'énergie	41	06	12	07	65
Accès difficile à l'eau potable	46	07	23	31	109
Accès aux Soins de santé de qualité	26	16	39	41	123
Faible scolarisation	12	07	28	18	65
Transport urbain lacunaire	36	07	34	14	91
Voirie chaotique	47	04	06	18	75

Source : Munkuomo, 2025.

(1) ***Problème de logement*** : la qualité de la vie urbaine est aussi fonction de la qualité de l'habitat. C'est pourquoi depuis le Sommet de Rio (1992), l'habitat a été intégré comme l'un des indicateurs importants d'appréciation de la qualité de l'environnement urbain. C'est dans ce sens que la prolifération de l'habitat précaire entretient l'émergence de précarité sociales dans les milieux urbains en font expansion. Dans l'environnement urbain congolais, il se pose un problème sérieux de l'habitat (66,1 %) : coût élevé de loyer, encombrement de bâti, nombre de chambres insuffisant, chambres érigées en dimensions réduites, constructions anarchiques et non-respect de contrat de bail., éclairage insuffisant, mauvaise aération, etc. Tous ces problèmes constituent des contraintes de logement et des situations de précarités sociales liées à l'habitat urbain en RDC.

Pour faire face aux problèmes liés aux logements, les constructions anarchiques sont au rendez-vous, avec une superposition des maisons dans des parcelles. Dans plusieurs parcelles l'on observe l'entassement de plusieurs maisons construites sans normes urbanistiques, etc. Tous ces problèmes ne font que vulnérabiliser l'environnement urbain.

Dans les milieux urbains en RDC, la crise de logement est aussi celle de la densité des ménages. Plus de 78,5 % de ménages vivent avec plus de cinq pensionnaires (Munkuomo, 2016). D'autres ménages où l'on constate une taille critique de pensionnaires, avec une promiscuité indescriptible, sont ceux habitant des camps militaires. La crise de pénurie et densification de logements sont suite à l'immigration massive provoquée par l'exode rural.

Plusieurs ménages urbains sont des locataires. Dans cette condition de statut juridique d'occupation de logement pour les ménages et l'accroissement du taux d'occupation spatiale par les ménages (degré d'occupation), la surface habitable de ménages s'avère de plus en plus restreinte. Cela occasionne une occupation diffuse de l'espace habitable et plusieurs vulnérabilités sociales liées à la promiscuité (surcharge d'occupation spatiale et ses effets écodémographiques et socio-éthiques : concentration d'occupants et leurs effets, phénomène « salomon », sommeil mal assuré ou paradoxal, perte de pudeur et dérives éthiques, etc.

C'est ainsi que plusieurs personnes sont probablement exposées à des risques environnementaux divers liés à la promiscuité. D'autres risques, pas les moindres, sont la déficience de la qualité environnementale de vie. En effet, le nombre élevé de ménages surpeuplés vivant dans une parcelle menace l'équilibre sanitaire et social des habitants. Ainsi, la surdensité occasionne facilement : maladies infectieuses ou parasitaires, conflits, etc. Toutes les dégradations environnementales de la qualité de vie conduisent à la réduction de l'espérance de vie des ménages denses ou surpeuplés.

(2) ***Mauvaise qualité d'énergie électrique*** **:** la ville a besoin de l'énergie électrique pour son fonctionnement. Dans les milieux urbains congolais, plusieurs ménages éprouvent des sérieux problèmes d'énergie électrique (32,5%). Plusieurs quartiers et ménages sont en dehors du réseau de la société nationale d'électricité (SNEL). Cette défaillance du réseau est lourde de conséquences pour la sécurité urbaine et rend précaire les populations : interruption de circulation, insécurité, assassinats, vols et rapts, « koulouna », conflits, etc.

La crise de consommation de l'énergie électrique étant sévère dans les milieux urbains, plusieurs ménages utilisent d'autres sources d'énergie pour les besoins domestiques. Pour l'éclairage, il s'agit de : lampe tempête à pétrole, gaz, lampe chinoise, groupe électrogène, hydrocarbures, etc. L'utilisation de ces sources d'énergie alternatives par un grand nombre de ménages fait de certains quartiers l'l'image d'un gros village (Lelo, 2014).

(3) ***Pénurie en eau potable :*** en plus de problème de l'énergie électrique, la population urbaine éprouve les difficultés de s'approvisionner en eau potable**.** Plus de 60 % de ménages sont confrontés au problème de menace de pénurie d'eau potable. Cette menace est de deux ordres : insuffisance de l'offre, déficience de services et détérioration de l'environnement aquatique. Pour l'insuffisance de l'offre, la REGIDESO, organisme public de production, distribution et commercialisation de l'eau potable, est actuellement en crise de productivité. Plusieurs

quartiers en forte croissance sont restés en dehors de ce réseau.

S'agissant de la détérioration de l'environnement aquatique, elle se poursuit sans relâche dans les villes congolaises. A Kinshasa, par exemple, tous les cours d'eau de la ville ne sont pas protégés contre la pollution protéiforme.

Tous ces problèmes sont à la base de l'inconfort et font enrayer les villes congolaises sur la voie du mal-développement durable.

(4) ***Accès difficile aux soins de santé*** : la santé humaine est l'un des objectifs le plus important du développement durable. C'est pourquoi, la promotion de la santé devrait être soutenue dans les zones urbaines comme dans les zones rurales. En effet, la ville doit faire partie d'une action prioritaire de promotion de la santé, à cause de son environnement sensible à toute forme de dégradation de la qualité de l'environnement, qui provoque la pollution de l'air et de l'eau, la contamination des sols due aux produits chimiques, aux déchets dangereux, aux radiations, etc. Pour Action 21, la dégradation de l'environnement à un effet négatif direct sur la santé humaine.

Dans l'environnement urbain en RDC, malgré que presque tous les quartiers sont couverts par une structure sanitaire de proximité : dispensaire, centre de santé, hôpital, clinique d'intérêt national. Les ménages (61,5 %) éprouvent beaucoup de difficultés pour avoir accès aux soins de qualité. Par conséquent, les gens se tournent vers les solutions alternatives.

Pour les médecines alternatives, elles soulagent un tant soit peu la souffrance de certains malades (troubles neurologiques, hémorroïdes, fièvres, sinusite, etc.). En dépit de soulagements apportés auprès de certains patients, la pratique de ces médecines reste vulnérable : conditionnement et administration de médicaments, manipulation de patients, sous information des affections, etc. Toutes ces vulnérabilités démontrent un tableau apocalyptique de la situation sanitaire dans les milieux urbains en RDC. En conséquence, les villes sont confrontées à la hausse de taux de mortalité et de morbidité, pour toutes les couches sociales urbaines. Néanmoins, les catégories sociales vulnérables à risque sont essentiellement les enfants et les vieillards de familles pauvres.

(5) ***Faible accès à l'éducation de qualité*** : le développement d'une nation passe par l'éducation des citoyens. Plus, les hommes sont éduqués, mieux ils participent au développement durable de leur nation. C'est dans ce contexte que « l'accès à l'éducation » est un droit humain fondamental et le « droit à l'éducation pour tous » constitue l'un des Objectifs du Développement Durable.

Dans l'environnement urbain congolais l'on enregistre 32,5 % des enfants non scolarisés. En effet, depuis les années 1970, à cause de la zaïrianisation et de la rupture de la coopération internationale, le système éducatif congolais en général s'est détérioré, au point de laisser transparaitre plusieurs vulnérabilités qui altèrent le fonctionnement du système et de la communauté congolaise. Etant donné que le système étatique a affecté et ruiné le système éducatif public, le système éducatif privé s'est étendu et consolidé. Il a pris de l'ampleur, afin du supplier aux failles de la mission éducative à tous les niveaux : maternel, primaire, secondaire et universitaire.

Ainsi, pour réduire sensiblement la vulnérabilité sociale à l'éducation et au dysfonctionnement du système éducatif, l'opération de la « gratuité de l'enseignements primaire » a été lancé par le Chef de l'Etat depuis l'année scolaire 2019-2020, afin de favoriser l'accès à l'éducation pour tous.

Cependant, une bonne éducation doit se réaliser dans un environnement biophysique, humain et moral sain. La sauvegarde de cet environnement permet aux institutions éducatives d'être des milieux d'excellence et d'émergence, tout en leur donnant l'éducation de bonne qualité. Malheureusement, dans l'environnement scolaire en RDC la protection de l'environnement ne constitue pas une « valeur ». La méconnaissance de cette valeur par les autorités ainsi que par les apprenants plonge l'environnement dans la crise. Cette crise environnementale déséquilibre entre autres le système éducatif.

Pour renverser les mauvaises pratiques ou cultures destructrices de l'environnement des espaces urbains scolaires, il faut une révolution culturelle environnementale. Il faut une bonne dose de la culture écologique pour contraindre les apprenants et les autorités scolaires à modifier ou réorienter leurs modes de production et de consommation, afin de jouir durablement des biens et services écosystémiques urbains.

L'écologie du bonheur de l'environnement urbain se réalise grâce à plusieurs facteurs. Parmi ceux-ci, il y a entre autres l'éducation environnementale. La bonne éducation écologique permet d'améliorer la transparence, un mécanisme politique pour assurer la durabilité environnementale de nos milieux. C'est ainsi que l'éducation, entendue comme un produit de la culture, est une manière de vivre destinée à construire le bien-être durable à partir des ressources environnementales naturelles et culturelles (Musibono, 2014).

Les actions pour une éducation efficace ne peuvent mieux s'obtenir que par les investissements éducatifs collectifs. C'est pour dire que la durabilité dépend de la qualité de l'éducation. Car, le devoir de la durabilité ne peut être assumé que par des citadins éduqués pour les impératifs du futur. En d'autres termes, mieux le citadin est éduqué, plus il est un gardien de l'environnement urbain et se montre engagé ou motivé pour préserver la qualité de vie pour les générations futures.

Dans l'environnement urbain en RDC, la vulnérabilité de l'accès à l'éducation est ressentie au niveau de plusieurs ménages. Elle entre dans ce que Fundji (2013) qualifie de crise de l'éducation. Plusieurs indices attestent cette vulnérabilité de l'éducation : absence de planification nationale, mauvais choix des orientations, carence d'écoles techniques dans les villes, modicité de salaire des enseignants, monnayage de côtes, etc.

Dans les ménages urbains congolais, en termes de proportion, c'est près d'un enfant sur deux qui ne va pas à l'école, ou encore il a déserté l'école. La preuve supplémentaire de l'effectivité de cette réalité est l'accroissement du nombre d'enfants vulnérables dans les espaces publics : (enfants de la rue « Shégués »), enfants vendeurs de denrées alimentaires ou autres produits manufacturés « Shayeurs », mineures prostituées « sheil », etc. La vulnérabilité de l'accès à l'éducation s'accroit, parce que le système éducatif congolais en général est financé essentiellement par les parents, traumatisés par la précarité. A Kinshasa, 64,81% de ménages attestent éprouver des difficultés pour la paie de frais scolaires de leurs enfants (Munkuomo, 2024). Les effectifs scolaires primaires et secondaires sont continuellement en baisse, à cause de la déperdition scolaire dans les milieux scolaires kinois (Fundji 2013). Au cours de l'année scolaire 2018-2019 signale Fundji, c'est plus de 510.680 enfants qui ont été exclus ou privés d'une éducation de base, à cause de la ''toxicité chronique'' de revenu familial de ménages. Dans cette logique, les études universitaires sont un luxe pour les enfants de certains ménages. Plusieurs causes sont à l'origine de ce cette défaillance.

L'on peut dire que le difficile accès à l'éducation à cause de multiples problèmes évoqués interfère avec la forte incidence de l'analphabétisme auprès de jeunes et des adultes.

Outre le déclin sensationnel des effectifs scolaires dus à l'inaccessibilité à l'éducation pour tous, un autre aspect, pas le moindre, qui vulnérabilise l'éducation en RDC et ses bénéficiaires, est le délabrement sans précédent du système éducatif, à travers la détérioration de la qualité de l'enseignement, à tous les niveaux. Elle place ce système en dehors de l'orbite de normes éducatives : surnombre des effectifs, sous- équipement, sous qualification du corps enseignant, etc. Tout ceci vulnérabilise davantage le système éducatif congolais.

(6) ***Dysfonctionnement du système de transport*** : dans la fonction urbaine de mobilité et fluidité, il ressort que les voies et moyens de communication doivent se constituer en réseau dans le tissu urbain. Cela permet la coordination de systèmes de transport urbains pour une vie urbaine équilibrée. Une bonne santé et vitalité de systèmes de transport urbains se manifeste autour d'un réseau de communication intense. Le transport multimodal (routier, ferroviaire, fluvial, pédestre) dans la mise en œuvre de systèmes de transport est une stratégie adéquate pour décongestionner la mobilité de citadins, afin d'améliorer leur bien-être social, à travers la satisfaction du service urbain de transport.

Pour cette raison, les conditionnalités susceptibles d'améliorer la qualité des services de transport urbain et son accès pour tous sont multiples : voies de communication intenses, large couverture géographique de voies de communication, suffisance de moyens de transport publics et privés, faible coût de moyens de transport, sécurité environnementale de mobilité urbaine, etc. Dans les milieux urbains, toutes ces conditionnalités ne doivent souffrir d'aucune faille pour maximiser le succès de mobilité.

Dans l'environnement urbain en RDC, il n'en est pas question. Le secteur du transport urbain reste encore médiocre (45,5 %), il est en panne parce qu'il est affecté par la crise. Il y a trois grandes raisons majeures à la base de cette panne : une politique trop faible, en rupture avec la croissance urbaine exponentielle ; sous-investissement et sous-équipement par rapport au poids démographique ; désordre. Les deux premiers griefs concernent le secteur du transport collectif public ; quant au troisième grief, il affecte le secteur du transport privé.

Pour le secteur du transport collectif public, l'on se rend compte qu'il y a une mauvaise exploitation du secteur. A Kinshasa, les entreprises publiques ou étatiques se rendent vulnérables dans leur existence physique et morale, à cause de la gestion catastrophique effectuée par l'Etat.

S'agissant du secteur de transport collectif privé, il évolue sans normes routières. Il y a trop de dérives éthiques dans la régulation de la circulation urbaine. En effet, de milliers d'engins roulants (voitures, minibus, gros bus, camionnettes, camions) entrent dans le pays et mis en circulation sur la voie publique urbaine, sans avoir subi un contrôle technique préalable et obtenu de documents d'autorisation de circulation. Cette crise de la qualité de moyens de transports collectifs privés vulnérabilise le secteur de transport urbain.

En se référant aux multiples expériences de Kinois, plusieurs arguments sont à l'origine de leur désaveu du transport collectif pour l'accomplissement de la fonction de service urbain, notamment : embouteillages, inexistence de moyens de transport dans les banlieues, abandon de certains réseaux, insuffisance de moyens de transport public, irrégularité des transports publics, longue durée d'attente de moyens de transports aux arrêts de bus ou taxis… et transport ferroviaire insistant, etc.

Pour les longues marches, lot quotidien des Kinois, a des retombées sanitaires sur les populations kinoises. Car, elles se soldent par des manifestations physiques et psychologiques diverses : sudation, fatigues, soif, faim, déshydratation, etc. Plusieurs Kinois dépourvus de moyens financiers (argent de transport) meurent à petit feu, parce qu'ils effectuent souvent de longues marches à pieds pour des destinations variées et avec des objectifs multiples. Dans la catégorie de personnes effectuant de longues marches à Kinshasa figurent les femmes. Très tôt ou tard dans la journée, l'on observe de femmes effectuer de longs trajets aller et retour, pour chercher la survie de leurs ménages : mamans « bipupula » ou « manœuvres' » aux installations portuaires (Libongo) ou aux marchés (Zando), mamans maraîchères, mamans vendeuses de pains, maman « makala », etc. Ces femmes misérables, ployant sous la pénibilité de lourds fardeaux transportés au dos ou sur la tête sont incapables de payer le transport et vivent aux dépends de fruits de leurs longs trajets.

Pour les moyens de transport privé servant de transport collectif, la vulnérabilité du surnombre de véhicules de secondes mains apparaît dans l'augmentation de leurs empreintes dans l'environnement urbain en RD, 1 véhicule sur 2 est de seconde main (véhicules d'occasion). La circulation de ces véhicules cause des pollutions environnementales urbaines. Les différentes composantes de l'environnement urbain affectées par la pollution automobile sont : atmosphère, hydrosphère, pédosphère, biosphère…

Tous les problèmes liés à l'environnement incommode du transport limitent sensiblement la qualité de l'offre affectée à ce service et vulnérabilisent la population pour l'accès aux pôles d'activités et aux bassins d'emplois. Entre temps, la demande urbaine en moyens de transport de qualité croit inexorablement avec l'explosion démographique.

Partant de ces vulnérabilités, il est apparu des transporteurs informels dont les plus représentatifs d'entre eux se manifestent à travers la recrudescence du phénomène « wewa » (motos). Malgré cela, la crise chronique de transport pèse gros sur les vulnérabilités sociales, parce que la voirie urbaine est à la fois insuffisante et lacunaire pour mieux assumer sa fonction urbaine de circulation.

(7). ***Voirie urbaine insuffisante et lacunaire*** (32,5 %) : le processus d'urbanisation s'accompagne de la voirie. Par celle-ci, les Urbanistes entrevoient non pas seulement les routes, mais également un ensemble complexe d'autres voies connexes d'acheminement de services sociaux, pour des fins urbaines diverses : assainissement et drainage des eaux usées pluviales et domestiques, conduites souterraines de câbles d'énergie électrique pour l'éclairage urbain, conduites primaires d'eau potable connectées aux voies secondaires et tertiaires du réseau maillé urbain, lignes de passage de câbles de communication, etc.

La voirie relève du domaine public par sa fonction circulatoire, la voirie est le lieu de réalisation intense de plusieurs activités urbaines. Dans la mise en œuvre de son architecture, la voirie est une structure qui doit impérativement participer à la fois à la forme urbaine (beauté) et à l'amélioration de la qualité du cadre de l'habitat. Or, dans ces caractéristiques, si la fonction circulatoire urbaine est la plus importante, alors la notion de la voirie suppose une réalité holistique.

Dans l'environnement urbain en RDC, la voirie urbaine pose de sérieux problèmes à la population. Les problèmes de la voirie qui accablent les quartiers sont multiples et convergents. Tous ces problèmes surviennent suite à plusieurs contextes de l'environnement urbain : mal gouvernance politique, insouciance généralisée du maintien des patrimoines, vétusté et dégradation de la voirie, sous-dimensionnement et inadaptation de la voirie, rupture de l'équilibre naturel de l'environnement urbain, etc.

La voirie réhabilitée est mal intégrée à Kinshasa, ''un écosystème Urbs en déséquilibre'' (Pain, 1975). En effet, les eaux usées pluviales ont de la peine à être drainées et évacuées par le réseau d'assainissement aux exutoires de leurs bassins versants hydrologiques. D'où, sur plusieurs voies routières, lors de fortes averses, les eaux stagnent sur la chaussée et gênent la circulation. Ceci pour dire que la voirie réhabilitée est lacunaire dans sa mission de drainage et d'assainissement de l'espace urbain.

Aussi, d'autres indices qui montrent l'aspect lacunaire de la voire sont : le manque total de liaisons transversales et la déconnexion de plusieurs quartiers de l'axe routier principal, la détérioration des routes, le développement incontrôlé de voies routières, perceptible dans la non linéarité du traçage routier, l'étiolement des voies routières… La présence de ces indices rend lacunaire soit la couverture, soit la praticabilité, soit les bénéfices de service de la voirie dans les milieux urbains. La déconnexion aux voies routières existe pour plusieurs quartiers.

En somme, à Kinshasa, l'insuffisance et les lacunes fonctionnelles de la voirie créent des disparités sociales de qualité de vie entre les quartiers riches ou huppés et pauvres, le noyau urbain ancien et les zones urbaines excentriques ou d'extension.

(8). ***Déficit des équipements de loisirs et socioculturels urbains*** : autres ces indicateurs majeurs de vulnérabilités sociales dans l'environnement urbain en RDC figure le manque des équipements de loisirs dans la fonction récréative de la ville. Dans l'environnement urbain, la composante culturelle est essentielle de cette fonction urbaine. Les activités de loisirs (activités ludiques : à savoir les jeux, activités sportives, activités culturelles, etc.) sont l'image de la ville. Toutes ces activités doivent être bien équilibrées et représentées dans toutes les communes de centre-ville et celles de banlieues. Les équipements élargissent le panorama urbain d'activités socioculturelles. Ils rendent visibles la vie culturelle urbaine.

Le déficit d'équipements de loisirs et socioculturels est criant dans les milieux urbains congolais. En effet, le nombre ou l'effectif de structures et d'équipements de loisirs et socioculturels urbains est très insignifiant. Pour les activités sportives, les villes comptent trop peu de stades de football. A Kinshasa, depuis quelques années, le gouvernement provincial a pris l'initiative de construire quelques stades communaux (Bandalungua, Barumbu, Binza Delvaux, Pascal), mais par rapport aux besoins de la ville, les cinq stades municipaux n'arrivent pas à résoudre les problèmes des Kinois. Les habitants de différents quartiers qui manquent de terrains, vont pratiquer le football en dehors de leurs quartiers. Les jeunes sont victimes de cette situation. Cela les expose aux frictions et affrontements sociaux.

Pour les activités culturelles, leurs services sont en décroissance dans les villes congolaises. Plusieurs domaines socioculturels classiques se sont évanouis ou se retrouvent actuellement dans un état comateux. Les activités se rapportant à cette filière connaissent une faible production et consommation : lectures et salons littéraires, théâtres, cinémas, archivages, etc. Ces domaines sont en souffrance, parce que les œuvres de l'esprit sont mal valorisées en RDC. Les auteurs littéraires, les libraires, les dramatistes, les céramistes, les artistes musiciens congolais sont vulnérabilisés, parce qu'ils n'obtiennent pas de reconnaissance de leurs professions.

Face à la souffrance organisationnelle d'activités culturelles classiques, les communautés urbaines de différentes villes se servent de sources d'activités alternatives de proximité : télévision, téléphone, radio, cybercafé et excursions. Ces sources se sont révélées dans la consommation des produits culturels. Malheureusement, la qualité de contenus de ces produits culturels est douteuse et constitue une source de vulnérabilités sociales pour la population urbaine. Par ailleurs, les sources d'activités socioculturelles sont autonomes. Elles dépendent de moyens financiers de bénéficiaires, de la qualité de desserte de l'énergie électrique dans le quartier, etc.

Quelle que soit la situation, le déficit de consommation de produits culturels, pour des fins de distraction de citadins, sur le plan de l'accessibilité et de l'ubiquité, entraîne l'éclatement de mœurs de la société urbaine. Les vulnérabilités dues aux violences urbaines de « Koulouna » résulteraient du déficit de loisirs et activités socioculturelles dans les milieux. Penser à la diversité de l'offre de services de proximité et aux équipements qui s'y rapportent est une stratégie susceptible d'être mise en œuvre dans la résolution de la crise socioculturelle dans les milieux urbains en RDC.

II.2. FACTEURS DES VULNÉRABILITÉS ENVIRONNEMENTALES DANS LES MILIEUX URBAINS EN RDC

Plusieurs causes ou facteurs explicatifs endogènes et exogènes sont à l'origine de vulnérabilités environnementales qui caractérisent l'environnement urbain en RDC.

- ***Pour les vulnérabilités écologiques***, il y a : démographiques éléphantesques dans les villes, urbanisation sauvage et incontrôlée (occupations spontanées, construction anarchique et désordonnée), déficit éducationnel et éthique des citadins en matière de l'écologie et de la préservation des équilibres naturels (absence des activités écologiques d'informations dans les médias et les écoles), mauvaise gouvernance environnementale (faiblesse d'autorité en matière environnementale, absence sinon une faiblesse d'application des lois et de suivi des législations et règlements juridiques sur la durabilité écologique urbaine, corruption et dérives éthiques), etc.

- ***Pour les vulnérabilités économiques*** : *d*estruction du tissu économique urbain (pillages, vols, détournements, corruption généralisée), faillite de l'Etat et incapacité des entreprises publiques à soutenir efficacement la chaine d'activités économiques urbaines (production, commercialisation, consommation, valorisation), rareté d'emplois structurels ou légaux, cadre macro-économique urbain en continuelle tension de surchauffe (inflations), modicité des revenus ménagers, réduction des opportunités économiques urbaines et mauvaise utilisation des ressources (humaines, matérielles, économiques, etc.) ; conflits armés et dérives éthiques, effets néfastes et ravageurs de la mondialisation.

- ***Pour les vulnérabilités sociales*** : démission de l'Etat et effritement de son autorité, absence de leadership socio-économique, rupture de la politique d'aménagement et d'habitat, absence d'urbanisation, désintégration de la qualité de l'emploi et mauvais rééquilibrage des pôles économiques d'activités sociales, délabrement et privatisation des systèmes éducatifs et sanitaires, réhabilitation de certaines structures collectives sportives, etc.), déséquilibre social et exclusions urbaines, dérives éthiques…

- ***Sur le plan de l'analyse systémique*** : toutes les vulnérabilités et leurs causes sont inter-reliées, interdépendantes et évoluent dans un contexte dynamique.

En effet, plusieurs systèmes de causes de vulnérabilités coexistent dans l'environnement urbain congolais. Sur le plan de relation de causalités inter-vulnérabilités environnementales, les vulnérabilités économiques (revenus toxiques) influent négativement sur la qualité de vie sociale des citadins. Ceci s'accompagne de profondes modifications ou dégradations de l'environnement biophysique des écosystèmes *urbs*.

Au niveau de relations de causalités internes, les causes d'un système spécifique de vulnérabilités s'impliquent et interagissent, en amplifiant la gravité de vulnérabilités soit écologique, soit économique, soit sociale.

Dans un rapport systémique de relation de causalité (relation cause-effet), les systèmes de vulnérabilités environnementales produisent plusieurs effets ou conséquences dans l'environnement urbain. Les effets et/ou conséquences négatifs les plus significatifs sont les pressions environnementales, les modifications écologiques et les dégradations de conditions socio-économiques de vie urbaines. Ces dernières suscitent des actions de résiliences urbaines aux vulnérabilités environnementales. Des résiliences urbaines sont envisagées comme de solutions aux vulnérabilités environnementales.

Cependant, ces résiliences ne constituent pas un projet économique durable de société. Les résiliences économiques comme des stratégies de survie sont encore précaires dans les villes congolaises, parce que le défi de la sécurité sociale est permanent. Il n'y a pas lieu de croire en l'efficacité de ces stratégies pour un développement viable, durable

En fait, le destin de durabilité urbaine se joue plutôt sur la gouvernance pour faire disparaitre l'extrême pauvreté urbaine des vulnérabilités écologiques et socio-économiques. Il faut remettre en rail la durabilité environnementale pour enrayer les vulnérabilités environnementales et les résiliences urbaines en RDC.

Chapitre IV

Résiliences urbaines

Face aux défis urbains accablants et à la destruction du tissu urbain de l'environnement global, les résiliences s'imposent de fait comme des moyens pour faire face aux problèmes urbains croissants et au péril urbain qu'ils peuvent occasionner. Par les résiliences, Il s'agit de stratégies de montée spontanée ou coordonnées pour résister et s'adapter aux chocs, afin de braver la crise environnementale systémique et inverser sa tendance pour tenter d'intégrer le changement survenu.

Les résiliences urbaines sont des faits sociaux dynamiques. Elles dépendent de génie créateur de populations urbaines, des opportunités de l'environnement, de la nature des engagements et initiatives pris au niveau de la base, victime de la vulnérabilité. Elles sont des stratégies endogènes urbaines susceptibles de revitaliser le tissu urbain et son environnement humain, menacés de destruction par les effets de vulnérabilités environnementales. Elles constituent les armées de pauvres pour la survie urbaine, leurs capacités et aptitudes à répondre aux besoins primaires de leurs conditions de vie. D'où dans l'environnement urbain, une frange importante de la population fonde son espoir de vie sur les résiliences qu'elle met en œuvre, sans relâche, au quotidien pour tenter de résister aux chocs des aléas et construire la vie et son lendemain face à des événements de vie difficile à supporter.

Dans cette vision conceptuelle, les « résiliences urbaines » ou même rurales pourraient être des alternatives louables de développement durable, si et seulement si ces stratégies multiformes de survie sont compatibles avec l'écologie et le bien-être économique et social des communautés.

IV.1. TYPOLOGIES DE "RESILIENCES URBAINES"

L'environnement urbain connaît de changements social, économique, politique, écologique et culturel importants. De tous ces changements qui s'opèrent et leurs perturbations, les habitants essaient de s'adapter différemment pour répondre et résister aux vulnérabilités. Cependant, depuis trois décennies en RDC, à cause du choc de vulnérabilités environnementales dans les secteurs majeurs de la vie urbaine, toutes les résiliences urbaines se sont concentrées aux typologies ci-après : écologique, économique et, sociale.

IV.1.1. Résiliences écologiques

La qualité de vie urbaine dépend de l'importance du couvert végétal. C'est pourquoi depuis toujours, l'environnement urbain tire des bénéfices écologiques des arbres et espaces verts de son milieu. Or, de plus en plus, les formes arborescentes, ressources vitales pour l'environnement, connaissent une décroissance négative (dans leur dynamique naturelle). La présence d'arbres et de corridors de végétations ligneuses se raréfient des espaces publics et privés. Ainsi, les citadins sont devenus vulnérables face aux perturbations climatiques, aux vents violents, aux pollutions de particules physiques (poussières) et chimiques (métaux lourds), aux catastrophes naturelles (érosions, inondations), aux bruits sordides, aux stress psychologiques divers... Tout ceci survient dans l'environnement urbain, parce que l'arbre est encore loin d'être perçu par certains « citadins » comme une ressource vitale pour la société, les agglomérations humaines.

Cependant, à l'état actuel, la résilience écologique locale ou régionale aux changements écologiques est assurée grâce à la présence de quelques arbres plantés ou subspontanés qui subsistent dans certains sites, milieux, quartiers ou parcelles (tableau 4).

Tableau 4. La présence d'un arbre dans la parcelle.

Présence d'arbres	Kin	Lub	Kis	Mat	Tot	
Fréquence	50	50	50	50	200	%
Oui	38	35	42	27	142	71
Non	12	15	08	23	58	29

Source : Munkuomo, 2025.

Les résultats de ce tableau 4 attestent que 71 % de ménages urbains ont un arbre dans leur parcelle contre 29 % qui n'en ont pas dans leur parcelle.

Sans doute, de multiples causes joueraient en faveur de l'inculture écologique d'absence d'arbres dans la parcelle de certains ménages, en l'occurrence: démembrement de la parcelle; vieillissement ou chute spontanée de l'arbre de la parcelle; coupe d'arbre menaçant la stabilité architecturale d'ouvrages dans la parcelle (habitation, puits d'eau, garage...); coupe d'arbre pour l'érection de logement; vente de fûts d'arbre auprès de boulangers, charbonniers et pour des buts lucratifs; désintérêt pour l'arbre; etc.

Quant aux ménages qui ont un arbre dans leurs parcelles, Binzangi (2017) note plusieurs raisons qui les auraient motivés à l'arboriculture parcellaire : récolte de fruits comestibles; ombrage, humidité et atténuation du climat ; lutte antiérosive et brise-vent pour la protection de la parcelle; activités photosynthétiques et amélioration de la santé du milieu, raisons économiques: vente de fruits, litière, soins médicaux par la phytothérapie et diverses motivations: souvenir d'un événement, limitation de la parcelle, esthétique du milieu, etc.

Toutes ces motivations divergent à cause des intérêts que chaque ménage accorde à l'arbre planté ou subspontané existant dans la parcelle. En effet, c'est la motivation qui donne de l'intérêt à une initiative écologique, à l'instar de celle de l'arboriculture. Par exemple : dans une parcelle occupée par un bailleur et quelques locataires, l'arbre appartient au propriétaire de la parcelle. Il a tout intérêt à le préserver et à détenir les droits issus de la production de son arbre (fruits). Les locataires tirent très peu d'intérêt pour l'arbre dans la parcelle, car ils ignorent la motivation qui aurait conduit à l'existence de l'arbre dans leur cadre de vie.

Quoique l'arbre soit prioritairement d'un grand intérêt écologique dans les milieux urbains, vraisemblablement, à cause de vulnérabilités environnementales, les intérêts quasi inédits pour l'arboriculture parcellaire dans l'environnement urbain en RDC sont les résiliences.

Une autre forme de résilience de grande envergure apportée par l'arbre est la phytothérapie. En effet à cause de la pauvreté, plusieurs ménages ont un accès difficile aux soins de santé primaires, faute de moyens financiers. Dans ces conditions, les vertus thérapeutiques de plusieurs parties de plantes domestiques sont extraites et exploitées pour soigner diverses pathologies : paludisme (malaria), hémorroïdes (macération des écorces et sèves de manguiers), anémie (feuilles de avocatiers), hyperthermie corporelle etc.

IV.1.2. Résiliences économiques

Dans les catégories de résiliences économiques, l'on distingue plusieurs sous- catégories de résiliences caractérisées par des activités bien déterminées, à savoir : résilience à la famine, résiliences à l'insécurité alimentaire et résiliences au faible revenu de ménages.

IV.1.2.1. Résilience à l'insécurité alimentaire

L'implosion de la faim et l'insécurité alimentaire sont des faits incontestés et incontestables dans l'environnement urbain congolais. Plus de 60% de ménages se nourrissent très mal. La plupart d'entre eux sont versés dans la consommation fréquente de vivres frais congelés, et très souvent en donnant peu d'intérêt aux légumes. Face au déficit alimentaire constaté, cette population se mobilise très peu à la recherche de solutions alternatives plausibles, lesquelles pouvant mieux compter sur la proximité envie d'une résilience efficace. Dans cette optique, pour la résilience à l'insécurité alimentaire, deux solutions envisageables sont d'une grande importance pour la survie de ménages en milieux urbains et ruraux, à savoir : le jardinage et l'élevage domestique de parcelles. Tout compte fait, les jardins potagers et l'élevage parcellaires ont déjà montré la preuve de leur relative efficacité comme résilience à l'insécurité alimentaire dans les milieux urbains.

4.1.2.2. Résilience relative au faible revenu de ménages

La crise économique bat de plein fouet les Congolais. Un grand nombre de ménages sont victimes de cette situation. Cependant, pour tenter d'améliorer la santé financière de ménages, la majorité d'entre eux a développé spontanément ou par des contraintes sociales une multitude « d'activités économiques ». De toutes les activités de résilience pouvant exister, l'on fait émerger trois principales activités économiques en vogue : la boutique « ligablo », la terrasse et la pharmacie. Ces trois activités pullulent le long de toutes les rues, au point d'asphyxier d'autres activités informelles de résilience économique.

Les autres activités de résilience économique exercées au sein de ménages urbains sont : couture, dépôts de ciments, dépôt de boissons, « malewa », ajustage, « wewa », taxi, ristourne, banque Lambert, pharmacie, boucherie ou charcuterie, « quado », cordonnerie, tôlerie, pressing, maison de communication et vente de cartes, alimentation et vente de vivres frais, maçonnerie, charge de piles téléphoniques, garage auto, vente de l'eau en sachets, vente de la friperie, commerce de produits agricoles, commerce de « makala », commerce de bois de chauffe, commerce de pétrole, commerce de beignets, porteur, chargeur de taxi, studio photo, forage, moulin de manioc, etc. Les investissements pour assurer ces activités varient d'un ménage à un autre, d'une personne à l'autre, de la demande…

Pour la capacité de recettes générées par les activités de résilience économique à satisfaire les multiples besoins de ménages ou des acteurs, plusieurs personnes reconnaissent que les recettes générées par leurs activités arrivent à satisfaire leurs besoins. Par conséquent, elles n'assurent la satisfaction des besoins essentiels de sujets enquêtés concernés ou de leurs ménages que moins de 50%.

IV.1.3. Résiliences sociales

Les résiliences sociales constituent un véritable truisme, du fait que l'Etat congolais a presque démissionné de ses responsabilités face à l'amélioration des conditions sociales des vies des populations. La précarité sociale urbaine rime avec les vulnérabilités sociales de tous genres : manque de logement, logement indécent, bidonvilisation de la ville, insalubrité, développement de maladies, recrudescence du taux de mortalité, déperdition du taux de scolarisation, mauvaise éducation des enfants, etc.

Avec la précarité et les vulnérabilités sociales, l'environnement urbain est confronté à plusieurs problèmes environnementaux, à savoir : dégradation du tissu social, délabrement de services sociaux de base et communautaires, insuffisance d'infrastructures sociales, dégradation de l'environnement humain et détérioration de la qualité de vie. Face aux menaces de vulnérabilités environnementales potentielles ou réelles pouvant être occasionnées par tous les problèmes de précarités sociales, la population invente de nouvelles formes d'organisations sociales (résiliences sociales) afin de pallier à la situation sinistrée que leur a légué l'Etat-Nation postcoloniale'' (Tréfon, 2004).

Ainsi, pour sortir de l'arène de vulnérabilités sociales, divers mécanismes de résiliences permettent les ménages de tenter d'assurer des conditions sociales minimales de vie et de continuer à survivre, sans beaucoup de menaces dans la dynamique de précarités sociales croissantes.

V.1.3.1 Des résiliences à la vulnérabilité de l'habitat social

Dans l'environnement urbain en République Démocratique du Congo, la production de l'habitat viable par l'Etat n'existe plus. L'habitat est ainsi en crise multiforme dans son existence. Cette crise de l'habitat remonte à l'époque coloniale. Elle s'est amplifiée après l'indépendance. Pour ne pas s'astreindre aux aléas de la persistance de la crise multiforme de l'habitat, les ménages se sont adonnés à la production de l'habitat, par divers mécanismes : développement des zones d'habitats spontanés, périphérisation urbaine et périurbanisation…

Le concept de « *périphérisation urbaine* » signifie le fait que les citadins abandonnent ou quittent le centre-ville (urbanisée) pour aller vivre à la périphérie, à cause des conditions de vie devenues difficiles pour eux. Et cela, tout en ayant leurs activités de survie au centre-ville. Le concept de ''périurbanisation'' signifie ''l'extension de l'habitat dans des zones périurbaines''.

Ces deux phénomènes, mécanismes de résiliences face au déficit de la production de l'habitat par l'Etat s'opèrent allègrement, à cause du manque d'aménagement urbain, du surpeuplement des zones urbaines, mais aussi, parce que le statut foncier de l'habitat cloisonné entre le droit coutumier et la légalité juridique est favorable aux vulnérabilités de l'habitat social dans l'environnement urbain. Tous ces faits sociaux accroissent la prolifération de l'habitat et des quartiers spontanés dans les zones d'extension de la ville.

Dans la ville ancienne densifiée, la résilience à l'absence de l'habitat se réalise grâce aux phénomènes urbains d'occupation de parcelles morcelées (une demi-parcelle, un tiers ou un quart de la parcelle) et d'occupations légales ou illégales de zones non aedificandi ou marginales. Les morcèlements de parcelles et la vente de l'espace foncier sont devenus des pratiques courantes, pour diverses raisons : pauvreté, conflits familiaux et partage de l'héritage foncier, spéculations foncières, etc. En somme, toutes les solutions alternatives de l'habitat dans l'environnement urbain congolais contribuent plutôt au renforcement de la crise de l'aménagement urbain et de l'urbanisation par : expansion de bidonvilisation, de la multiplication de zones de *squatting*, sur-densification de l'espace, promiscuité de l'habitat…

IV.1.3.2. Résiliences à la vulnérabilité du logement

Dans l'environnement urbain, la crise et les vulnérabilités liées au logement apparaissent dans plusieurs manifestations de vie sociale: dépossession d'une maison décemment construite par un ménage, mal dimensionnement des structures d'habitation, mauvaises conditions de vie des occupants… Toutes ces manifestations de crise de logement de la plupart de ménages, avec leurs vulnérabilités sociales, induisent plusieurs réponses en termes de résilience, en l'occurrence : location de maisons ou d'appartements pour l'habitation de ménages, sous-logement dans les parcelles familiales ou d'ami (annexes, studios, salons), occupations de maisons de fortune (maisons inachevées, containers, véhicules en stationnement, épaves de véhicules, etc.) …

Les solutions éparses de résiliences sociales à la crise de logement sont ponctuelles, circonstancielles, conjoncturelles, etc. Elles apportent de solutions superficielles à la crise, sans affecter les causes profondes (absence de politique de logement, mauvaise gouvernance, tenue du secteur immobilier entre les mains de particuliers nationaux ou étrangers) qui freinent le développement de logements sociaux pour l'habitation décente des citadins.

Certains opérateurs économiques ou actionnaires privés tentent d'apporter des solutions pour résilier à la crise de logement dans les villes. Les opérateurs économiques étrangers sont plus présents dans la construction de complexes commerciaux du genre Super Marché. Les nationaux s'adonnent à la construction d'hôtels dans tous les quartiers, des annexes de location dans des parcelles privées, etc.

Cependant, la vulnérabilité économique de la population (salaire toxique, revenu du commerce formel et informel très peu prospère) plonge les citadins dans la misère et l'incapacité de se loger dans les nouveaux sites modernisés. Il n'y a que des Politiciens, des dignitaires de l'Etat, des Expatriés qui sont en mesure de se procurer ce type de logement.

C'est dire qu'actuellement, l'Etat doit prendre le secteur de l'immobilier entre ses mains et y investir suffisamment pour deux raisons fondamentales : loger décemment la population urbaine et accroître le budget national. L'Etat devrait faire du secteur immobilier son cheval de bataille afin de durabiliser le logement dans les milieux urbains.

IV.1.3.3. Résiliences aux vulnérabilités liées au système éducatif

Depuis les années 1970, à cause de la zaïrianisation et de la rupture de la coopération internationale, le système éducatif congolais en général s'est détérioré, au point de laisser transparaitre plusieurs vulnérabilités qui altèrent le fonctionnement du système et de la communauté congolaise.

Etant donné que les vulnérabilités du système éducatif étatique ont affecté et ruiné le système éducatif public, le système éducatif privé s'est étendu et consolidé. Il a pris de l'ampleur, afin de suppléer aux failles de la mission éducative à tous les niveaux : maternel, primaire, secondaire et universitaire.

A cause des grevés et les années blanches observées à partir des années 1980, un mécanisme de sauvetage des années scolaires et académiques, par la prise en charge du système éducatif des écoles publiques et conventionnées, a été mis en place par l'Association Nationale des Parents du Zaïre (ANAPEZA en sigle), en vue de résilier à la crise éducative et aux dysfonctionnements du système éducatif. L'on doit faire remarquer que la prise en charge du système éducatif en tant que stratégie de résilience à la vulnérabilité éducative des enfants congolais est encore effective jusqu'à ce jour. Adoptée par la quasi-totalité d'écoles et universités congolaises, cette pratique (prise en charge de l'éducation) est une participation à peine significative des parents aux financements de la scolarisation de leurs enfants. Elle a permis de soutenir certaines performances des services éducatifs.

Quoi qu'inacceptable, la prise en charge est un besoin pour résilier à la vulnérabilité du système éducatif congolais. Chaque institution ou structure scolaire tente de définir le mode de gestion de la contribution des parents pour ne pas léser les partenaires éducatifs dans leurs droits : enseignants (droits à un salaire digne), enfants (droits de bénéficier une éducation de qualité pour leur formation), parents (droit d'avoir de bons résultats). Dans la plupart de cas, le comité de parents constitue une plaque tournante pour la bonne gestion de revenus octroyés par les parents. Dans le cadre de la transparence, pour l'utilisation des fonds, il a des comptes à rendre aux parents.

La prise en charge comme mécanisme de résilience de vulnérabilité environnementale du système éducatif est reconnu par l'Etat et certaines corporations de défense de l'éducation nationale. Selon RESEN (Rapport de l'Etat du système Educatif National, 2012), ce mécanisme joue un grand rôle pour l'éducation scolaire des enfants. Il satisferait à 76 % les besoins nationaux en éducation. Aussi, par cette résilience, il y a une couverture remarquable du système éducatif en RDC.

Malgré cette résilience, la prise en charge de l'enseignement par les parents n'est pas une solution sociale durable. Elle est émaillée de beaucoup de surenchères de parents, de mythes dans le mode de fonctionnement de l'éducation congolaise. A titre d'exemple, un parent qui paie très cher le minerval à l'école accepte difficilement l'échec de son enfant et sa reprise de classe. Ces surenchères renforcent quelques fois l'inféodation du fonctionnement du système éducatif aux allégeances de parents devenus de partenaires tout puissants. Cette nouvelle forme de vulnérabilité émergente au niveau du système éducatif congolais a un impact négatif sur la qualité de l'enseignement. Le secteur le plus touché par cette vulnérabilité est le secteur de l'enseignement privé.

Pour lutter contre la vulnérabilité de l'éducation, il faudrait une politique éducative volontariste et responsable pour appuyer financièrement, matériellement, techniquement l'éducation et tout son système de fonctionnement dans l'environnement urbain et dans tout le pays en général.

IV.1.3.4. Résiliences à la vulnérabilité en soins de santé

La difficulté d'accès aux soins de santé primaires de qualité est due à la pauvreté qui induit l'inégalité économique et un faible taux d'accessibilité économique aux soins de santé, soit environ 61,5 %. Hormis le revenu, d'autres facteurs qui limitent l'accessibilité aux soins de santé en créant la vulnérabilité sanitaire sont : la religion, la charge plus ou moins grande du ménage et le niveau d'instruction.

Le revenu de citoyens et de groupes sociaux (famille, tribu, ethnie) étant précaire, face à la santé qui implique des coûts et de frais supplémentaires, les soins de santé assurés par certaines structures sanitaires sont un luxe pour plusieurs ménages urbains. Dans les quartiers où la pauvreté sévit au sein de la population, plusieurs de ménages n'ont pas facilement accès aux soins de santé.

"Pauvreté et maladie constituent un cercle vicieux". La plupart de citadins tombent malades, parce qu'ils sont pauvres, vulnérables économiquement. Trois pratiques accroissent la possibilité d'accès de personnes vulnérables économiquement aux soins de santé, à savoir : l'application de l'auto-médication, le recours à la médecine alternative (phytothérapie africaine, médecine naturelle chinoise, etc.) et la pratique de la médecine spirituelle (cure spirituelle des groupes de prières, actions incantatoires de marabouts, sorciers ou « nganga ngombo »).

Pour les auto-médications de la médecine moderne, le laisser-aller dans le fonctionnement du secteur pharmaceutique expose le destin de l'auto-médication dans les villes et de ses patients à plusieurs risques sanitaires : consommation de produits périmés, prise en charge de maladies par des médicaments sous-dosés ou contre-indiqués, développement de piratages… Aussi, le secteur pharmaceutique, bondé de non spécialistes en quête de lucre, s'est substitué au secteur médical dans la prescription de produits pharmaceutiques et de leurs doses.

La médecine naturelle, avec l'arsenal de sa pharmacopée traditionnelle contribue relativement à la double résilience de la vulnérabilité sociale. Du point de vue des patients candidats à cette médecine, ils trouvent un accès facile à la pharmacopée traditionnelle, grâce à l'accessibilité de soins, aux coûts abordables de produits, à la bonne métabolisation de principes actifs de médicaments naturels, au bénéfice des actions médicales en faveur du patient (souplesse du protocole, suivi hospitalier des malades et autres pratiques), à la prise en charge de certaines pathologies graves (infertilité sexuelle, prostates, myomes, etc.) ... D'où, pour la proximité de soins de santé et la satisfaction de besoins face à une forte demande sociale, la médicine naturelle congolaise est une médicine des pauvres, des vulnérables socio-économiques.

IV.1.3.5. Résiliences à la vulnérabilité en ressources en énergie électrique et en eau

L'alimentation en électricité et en eau dans les zones périphériques non couvertes par la SNL et la Régideso est un défi dans l'environnement urbain en RDC Ainsi, pour résilier à la pénurie d'électricité et de l'eau, les ménages recourent à plusieurs autres ressources énergétiques et hydriques.

IV.1.3.5.1. Énergie électrique

Pour le déficit en énergie hydroélectrique, suite à la défaillance de la Société Nationale d'Electricité (SNEL), les ménages urbains recourent à plusieurs autres solutions, en vue de satisfaire leurs besoins énergétiques et lutter contre les effets de vulnérabilités sociales de non-accès à cette source d'énergie. Il s'agit de : énergie-bois (« makala », bois de chauffe), groupes électrogènes, lampes chinoises, lampes tempêtes, énergies photovoltaïques (panneaux solaires), bougie, huile de palme, hydrocarbures. Le recours ou l'usage de l'une ou l'autre source d'énergie alternative au niveau de ménages dépend des besoins, de la performance énergétique des sources d'énergie et de moyens financiers dont disposent les utilisateurs.

Si généralement, pour la cuisson, les ménages se servent de l'énergie-bois, pour l'éclairage nocturne, des groupes électrogènes, des lampes à pile, des lampes tempêtes, des bougies, des huiles et hydrocarbures à mèche sont les usages qui sont la preuve de l'absence d'une véritable politique énergétique. L'énergie-bois qui a un grand intérêt pour l'alimentation est fortement consommée par les ménages, au point où la forte croissance démographique urbaine augmente considérablement les besoins en énergie-bois et toutes leurs conséquences sur l'environnement. L'augmentation des besoins en énergie-bois contribue significativement au recul du couvert végétal dans l'environnement urbain.

IV.1.3.5.2. Eau

Les vulnérabilités de la population urbaine dans l'approvisionnement en eau ou le faible approvisionnement en eau sont de deux ordres : pénurie en approvisionnement d'eau potable (vulnérabilité quantitative) et consommation ou utilisation d'eau douteuse par les ménages (vulnérabilité qualitative). Cette double limite qui définit les vulnérabilités existentielles dans le secteur de l'eau fait que l'utilisation d'eau par la population urbaine est faible dans les villes en RDC (54,5 %)

Sur le plan de la localisation, c'est toutes les villes en RDC qui sont vulnérables à la pénurie d'eau de la Régideso. Cependant, les ménages utilisent plusieurs mécanismes atténuateurs d'effets de la crise d'approvisionnement en eau, à savoir : les forages, l'eau de pluies collectées par les toitures, approvisionnement en eaux de puits et achat des eaux traitées vendues dans les boutiques avec toutes les conséquences qui s'en suivent.

IV.1.3.6. Résiliences aux vulnérabilités liées au transport

Dans les villes congolaises, l'Etat a perdu son pouvoir sur les activités du transport urbain. Le principal obstacle du système du transport urbain est celui de l'équidistance, surtout que la ville compte plusieurs zones enclavées. Ainsi, les couches sociales des extensions urbaines peuplées de ménages sans budgets formels alloués au service de transport et dépourvues de voies de communication, sont à la merci de vulnérabilités du transport. Elles remédient à ces difficultés en effectuant la plupart de leurs courses à pieds.

La mauvaise organisation de cette structure rend les sujets de certains ménages urbains vulnérables. Ainsi, les citadins se contentent des motos (wewa) afin d'échapper aux conséquences des vulnérabilités de transport.

Tous ces mécanismes de résilience à la carence et au déficit de transport urbain public permettent, tant soit peu à la population urbaine, de tenter de maintenir l'équilibre de la santé physique.

IV.2. DU POINT DE VUE DES OBJECTIFS DE RESILIENCES URBAINES

L'objectif prioritaire de résiliences urbaines en RDC est double : atténuer les chocs d'impacts de la crise environnementale, en adoptant de nouveaux mécanismes de survie et tenter de prévenir les risques de vulnérabilités pour les ménages urbains vivant en extrême pauvreté. Pour ce double objectif, divers mécanismes urbains de gestion de crise environnementale sont de mise pour tenter de réduire, tant soit peu, les vulnérabilités écologiques, économiques et sociales de la population urbaine.

Toutes les résiliences sont utiles, parce qu'elles visent à atténuer, à réduire les impacts ou effets de la crise environnementale profondément ancrée dans l'environnement urbain.

Cependant, les résiliences urbaines ont des résultats assez faibles (efficacité relative), parce que la dégradation des conditions de vie des citadins, surtout celle des groupes vulnérables, se poursuit inexorablement dans l'espace et dans le temps, avec leurs risques environnementaux multiples sur les individus, ménages et communautés urbaines.

Les résiliences ne peuvent nullement être efficaces, sans l'apport de politiques étatiques consistant à améliorer l'accès aux services de santé, d'éducation, à la justice, à la terre, aux infrastructures sociales de base (logements, routes, électricité, assainissements, télécommunication, etc.).

IV.3. CONTRAINTES LIEES AUX ACTIVITES DE RESILIENCE

S'il faut considérer les résiliences comme de projets socio-économiques et écologiques de vie pour lutter contre les vulnérabilités environnementales, il est vrai qu'elles ne sont pas sans difficultés dans leur conception et mise en œuvre. En s'attelant à leur mise en œuvre, il y a lieu de reconnaître que la réalisation d'activités de résilience (surtout économique) au quotidien de la vie est confrontée à plusieurs difficultés qui réduisent diversement leur pratique, efficacité, leur efficience et même leur impact.

Les contraintes relatives aux résiliences peuvent être ramenées à trois ordres : contrainte écologique, contraintes économiques, contrainte sociale, contraintes politiques et sécuritaires.

Contraintes économiques : irrégularité de clients, faible recette journalière, exagération de taxes, endettement chronique et insolvabilité de clients, modicité du capital circulant, faible circulation de la monnaie, faible pouvoir d'achat, diminution des acheteurs, taxes fixées arbitrairement, forte fluctuation des prix sur le marché, concurrence économique sauvage, cherté de dépôts…

Contrainte sociale : absence de voie de communication, difficultés et cherté de moyens de transport, sorcellerie, maladies, cherté des loyers, de la scolarisation…coupure dans la fourniture de courant électrique, vol, conservation couteuse, perte des produits, etc.

Contraintes politiques et sécuritaires : tracasseries policières et celles des agents de l'Etat, insécurité de personnes et leurs biens, manque d'encadrement par l'Etat, insécurité au quartier et vols à mains armées, circulation de faux billets de monnaies locale et étrangère, recrudescence de l'escroquerie organisée…

Toutes les contraintes évoquées s'entremêlent dans le processus de résiliences urbains et renforcent les difficultés de vie des citadins en quête d'amélioration de leur bien-être. De ce point de vue, les multiples contraintes inhérentes aux résiliences redeviennent d'autres sources de vulnérabilités environnementales.

Chapitre V

Stratégies et principes pour un environnement urbain durable en RDC

Le bonheur écologique, la durabilité d'un environnement urbain est un résultat qui se construit dans la manière, la population à vivre, à fréquenter, à manger, à étudier et à travailler décemment dans un environnement sain et durable (E. Lambin, 2009).

Dans un environnement urbain en crise protéiforme, pour le développement urbain durable, plusieurs stratégies s'imposent. Ces pistes peuvent se regrouper en trois catégories. Il s'agit de : pistes politiques, piste socio-économique, pistes juridiques et réglementaires et écologique.

V.1. STRATEGIES POLITIQUES

Les différentes pistes politiques de durabilité environnementale envisagées sont directement du ressort de l'Etat. Elles concernent : régulation démographique, aménagement, assainissement et hygiène du milieu, valorisation des déchets et politique de reboisement et boisement.

V.1.1. Régulation démographique

L'homme (citadin) est à la fois acteur et bénéficiaire de la durabilité environnementale urbaine. Sa taille doit être régulée pour durabiliser son existence dans l'écosystème naturel ou artificiel (Urbs). Etant donné que l'évolution démographique actuelle de villes est continue, il convient impérativement de réguler la croissance urbaine.

Pour ce faire, l'Etat peut utiliser plusieurs mécanismes de régulation, dont deux d'entre eux sont indispensables : stabilisation de taux de natalité urbaine et règlementation des flux migratoires. Par la première stratégie, il s'agit de comprendre que la forte natalité accroit la taille des ménages qui insécurise et vulnérabilise leurs pensionnaires. Or, plusieurs ménages africains (plus de 40 %) renferment plus ou moins sept individus. Ceci ne constitue pas une marge sécuritaire de la qualité de vie pour les ménages africains confrontés à la précarité. Concernant la réglementation de flux migratoires, elle est un besoin indispensable pour la survie des villes africaines.

Hormis le contrôle de flux migratoires qui exige la maitrise de tous les facteurs à l'origine du phénomène, pour réussir la politique antinataliste dans les villes africaines en général et de la RDC en particulier, il faut une politique volontariste de planification familiale. Pour rendre effective cette politique très sensible au niveau des ménages, il faut une forte sensibilisation des femmes et des ménages afin de réduire les naissances au sein de ménages. Sinon, déjà pour les ménages volontaires, les pullules et le vaccin contraceptifs sont déjà d'usage sur les marchés. Ces stratégies essaient de réduire un tant soit peu l'incidence de la forte natalité dans les ménages des villes africaines. Toutefois, pour éviter que la démographie de la population urbaine pèse gros sur la qualité de vie et induise les vulnérabilités environnementales, il convient de compter sur l'aménagement de l'espace urbain.

V.1.2. Aménagement durable de l'espace urbai*n*

L'urbanisme et la durabilité urbaine dépendent étroitement de l'aménagement : spatial, hydraulique, écosystèmes naturels, etc. C'est l'aménagement durable qui constitue le dernier rempart susceptible de redorer l'image ternie des villes en RDC et d'en faire des villes durables. Or, l'aménagement s'opère grâce au schéma directeur d'aménagement urbain (SDAU), document technique opposable seul à l'Etat. D'où, l'aménagement technique est du seul ressort de l'Etat. Il se fait que plusieurs villes congolaises, après l'indépendance, n'ont jamais connue l'aménagement au sens technique du terme. Aujourd'hui, face au désordre de la croissance urbaine, l'autorité politique doit revisiter le SDAU de l'époque coloniale pour servir des nouvelles bases d'aménagement de l'urbanisme du futur ancré sur la durabilité.

En matière d'occupation du sol (POS), le nouvel aménagement urbain doit porter le souci d'utiliser de façon optimale les zones urbaines afin d'éviter des contraintes naturelles (forte turbidité spatiale, orographie, marécages, espaces de reproduction de vecteurs, etc.), de minimiser les risques environnementaux et d'accroitre les possibilités d'accessibilités des biens et services d'aménagement. Ainsi, en optant pour l'application des études techniques d'occupation des sols, l'aménagement pourra permettre de rompre avec l'urbanisme spontané dans les villes.

Cependant, l'aménagement qui est l'œuvre de la volonté politique, doit se réaliser en tenant compte des autres dispositions de durabilité environnementale prévues par les Sommets sur l'urbanisme durable : Sommet d'Athènes (1932) fixant les fonctions urbaines, Habita I (1976) et Habitat II (1996). C'est en appliquant scrupuleusement les prescrits de ces Sommets que les conditions de vie dans la ville peuvent être améliorées (logement décent garanti, emplois assurés, mis en place d'un réseau de transports collectifs, etc.). Et, plusieurs zones d'extension urbaine peuvent accueillir plusieurs fonctions de la ville et offrir des services de qualités supérieures aux citadins, pourvu qu'elles soient aménagées et conséquemment équipées.

Dans l'environnement urbain construit, l'aménagement constitue également une priorité. Il concerne les zones naturels contenant des écosystèmes naturels afin d'assurer l'économie des ressources écosystémiques. Plusieurs villes en RDC ont perdu la majeure partie de leurs ressources, parce que les écosystèmes naturels sont malmenés, pollués. En effet, dans les écosystèmes artificiels, les vulnérabilités apparaissent lorsque les écosystèmes naturels ne sont pas aménagés et perdent leur équilibre écologique. C'est le cas de cours d'eau, des forêts urbaines, sol, etc. Pour cela, l'autorité urbaine doit veiller à l'aménagement des systèmes écologiques hydrauliques, forestiers, pédologiques, etc. pour la survie des espèces et le bien-être humain.

Par ailleurs, aménager signifie aussi assainir l'espace biophysique. Car, la politique d'assainissement écologique de la ville constitue une autre voie de garantie de la durabilité environnementale de la ville.

V.1.3. Assainissement écologique et hygiène du milieu

L'environnement urbain congolais est mal assaini. Il faut une politique cohérent de planification de l'assainissement écologique à l'échelle urbaine. Il doit tenir compte des objectifs de durabilité environnementale urbaine et des besoins (planification par objectifs). Car, l'assainissement est d'essence humaine. C'est pourquoi, les droits de l'homme de troisième génération reconnaissent son importance et sa valeur pour la qualité de vie.

Au niveau individuel des ménages, l'assainissement de proximité doit porter sur : les toilettes, les déchets solides et les eaux usées. A ce sujet, plusieurs actions sont à mener de façon additionnelle, par les ménages. Il s'agit désormais de rationaliser les actions d'assainissement des ménages, de façon à les rendre plus efficaces, pour la durabilité écologique de l'environnement biophysique. L'on doit signaler que les ménages, dans leurs communautés respectives, ont déjà leur planning d'activités susceptibles d'opérationnaliser et de rendre effectif l'assainissement urbain. Il s'agit de requalifier et financer les programmes conçus par les ménages, les parcelles et à la limite les rues ou quartiers, en vue d'un assainissement efficace de proximité. C'est à ce seul prix qu'il est possible de donner de solutions au pari de la durabilité écologique urbaine par l'assainissement urbain.

Dans tous les cas de synergies envisagées, l'Etat doit être très présent pour diverses opérations : sensibilisation, accompagnement de gestion des déchets, contrôle du processus de gestion durable des déchets ménagers. Tous ces processus doivent être appliqués et suivis par des processus rigoureux d'éducation et de formation en gestion environnementale de déchets urbains.

Cependant, en se basant sur le double binôme cout-avantage et avantage-risque, la politique de la valorisation des déchets solides parait être un mode de gestion optimal pour la pérennisation et la durabilité de la jouissance des ressources environnementales.

V.1.4. Planification de la valorisation de déchets solides

A l'instar de toute ville de la planète, les villes congolaises sont des réservoirs de déchets multiformes à cause de la production et de la consommation accrue des ressources. L'environnement urbain en RDC est confronté à l'insalubrité publique, à cause entre autres de l'absence de la politique de la gestion des déchets solides urbains produits à différents niveaux d'organisations sociales : ménages, commerces (marchés, magasins), institutions (écoles, hôpitaux, stades, etc.) et de la gestion anti-écologique.

Au-delà d'un assainissement classique consistant en la collecte et le conditionnement des déchets urbains et le ramassage, il faudrait prôner la valorisation des déchets urbains pour la durabilité écologique, des ressources (Ignace Sachs, 2003).

Dans ce paradigme, les processus urbains de gestion efficace de déchets nécessitent la mise en œuvre de la loi de « R » pour le développement endogène durable des ressources. Pour s'assurer de leur durabilité écologique, l'on doit s'abstenir de les détruire et de les épuiser à travers : la récupération de déchets, la réutilisation de déchets, le ré-emploi de déchets, le recyclage de déchets et la reconversion de déchets. Tous ces processus ont pour finalité la valorisation des déchets, car ces derniers, perçus comme des matières de l'environnement ont de la valeur écologique. Il convient de restituer à l'environnement cette valeur écologique, afin de donner des fonctions sociales pour l'utilisation durable de matières environnementales.

Dans les milieux urbains, la valorisation des déchets doit être conçue comme un mode de gestion efficace. Elle doit faire ses preuves pour la conservation et la durabilité des ressources urbaines disponibles.

Le choix pour une politique de gestion écologico-économique de déchets doit permettre à la fois de lutter contre le gaspillage des ressources et créer de l'emploi, afin de satisfaire divers besoins humains. Cependant, pour les citadins profondément ancrée dans la moule de ''tout à la poubelle'', il faut une réadaptation au nouveau paradigme écologique de valorisation des déchets par l'éducation, la formation et la sensibilisation. Pour la durabilité urbaine, il y a donc nécessité, par exemple, de vulgariser le recyclage et le compostage dans les villes, pour résorber la crise écologique d'amoncellement d'immondices ou de déchets solides ménagers d'origine organique, dans les places publiques.

V.1.5. Politique de boisement ou reboisement

La politique de boisement et reboisement doit viser soit la constitution ou la réhabilitation des espaces verts, soit à établir, soit à reconstituer au sein des espaces verts détruits dans l'environnement urbain. Le boisement et le reboisement font partie des conditions essentielles de la présence des espaces verts dans tout environnement urbain. Ces deux recommandations de Rio I (1992) entrent dans la stratégie essentielle de durabilité urbaine prônée par ce Sommet.

Dans cette option, la création et la multiplication d'autres nouveaux espaces verts disséminés dans les quartiers urbains, pour la protection écologique urbaine (éco-protection urbaine) doivent être opérationnelles et effectives.

Les espaces verts, dans toutes leurs formules (forêts, savanes, potagers familiaux, jardins suspendus, jardins ouverts, parcs écologiques, terrains de loisirs divers, espaces semi publics, jardins éducatifs…) sont des micro-écosystèmes urbains et constituent le poumon urbain favorisant les systèmes ou organismes vivants.

C'est pourquoi, la restauration des espaces verts est un moyen préventif pour restituer les patrimoines floristiques, fauniques et paysagers du sol, du sous-sol, de l'atmosphère, des eaux, etc. La politique de boisement et reboisement permettra aux écosystèmes urbains de se regarnir de toutes ses parures vertes comme autre fois.

Cependant, dans cette politique de boisement et reboisement de la ville, le choix des espèces à planter doit être judicieux, en vue de préserver l'équilibre écosystémique urbain. Pour une durabilité écologiquement mieux intégrée, la politique de boisement et reboisement doit tenir compte des espèces endogènes ou autochtones qui ont une grande importance écologique, symbolisant les diverses réalités culturelles de populations locales.

V.2. PISTES SOCIO-ECONOMIQUES

Dans le registre de pistes socio-économiques de durabilité environnementale urbaine, il faut rappeler qu'en RDC plusieurs villes ont été rendue invivable et inviable sur le plan de l'environnement social et économique à cause de la mal gouvernance urbaine. Pour remédier à ce problème, il faudrait l'équité dans la gestion et la répartition de biens et avantages sociaux et économiques urbains.

Pour améliorer la gouvernance urbaine, quatre pistes s'imposent, à savoir : réorganisation et restructuration institutionnelles, amélioration de la croissance économique soutenable, satisfaction des besoins sociaux essentiels et stratégie morale et éthique.

V.2.1. Réorganisation et restructuration institutionnelle

D'emblée, les institutions fonctionnelles pour assurer la durabilité environnementale urbaine sont défaillantes. Le mode de fonctionnement des institutions urbaines est caractérisé par la mal gouvernance et les antivaleurs dans gestion urbaine : corruption, injustices, vols, détournements, incompétence, etc.

Ces maux qui ruinent le bon fonctionnement des institutions urbaines peuvent être remédiés grâce à l'amélioration de la gouvernance urbaine. Cette dernière passe par la réorganisation et la restructuration des institutions urbaines ainsi que celles de leurs animateurs. Il faut d'abord innover ou rénover le mode de fonctionnement des institutions urbaines et ensuite renouveler les animateurs pour donner une peau neuve à l'organisation. La géopolitique, encore de mise dans l'organisation socio-politique, ne constitue pas un bon mécanisme pour le choix des animateurs urbains en vue de procurer à la ville un leadership au niveau des mégalopoles mondiaux.

Par cette proposition, il faudrait une approche multi-acteurs et multi-niveaux de gestion institutionnelle urbaine pour améliorer la gouvernance environnementale urbaine. Face aux vulnérabilités environnementales urbaines, l'approche multi-acteurs et multi-niveaux de gestion institutionnelle de gouvernance environnementale constitue la condition nécessaire et suffisance pour le développement durable.

V.2.2. Soutenabilité de la croissance économique

Sur le plan économique, la durabilité urbaine est une affaire de croissance économique soutenable. Au niveau purement formel, l'économie soutenable est une économie de prévision de chocs, de risques et de vulnérabilités économiques. Sur le plan pratique, cette économie se base sur la durabilité, la viabilité comme des moyens pour réaliser la bonne gouvernance et le bien-être collectif des citoyens.

Dans toutes les villes congolaises, la croissance économique est au plus bas niveau. Elle a des tendances régressives. La décroissance économique se répercute sur la faible assiette budgétaire et occasionne le salaire toxique. Les causes principales de la décroissance économique et de non viabilité de la santé économique africaine sont multiples. Elles se ramènent à l'environnement économique urbain qui est ruiné par plusieurs maux socio-économiques : anarchie dans la gestion des choses publiques, insuffisances d'initiatives privés, sous-investissement de secteurs économiques, dérégulation du système économique, dérives éthiques, etc.

Pour éradiquer la crise économique inquiétante, les relents et tares de ses vulnérabilités économiques, les pistes de solution pour garantir et assurer la soutenabilité de la croissance économique urbaine sont envisagées en deux niveaux, à savoir : l'Etat et des ménages (les initiatives individuelles et collectives).

Au niveau de l'Etat, celui-ci doit concevoir, appliquer et suivre une politique économique de durabilité des ressources naturelles, matérielles, humaines et financières pour le bien-être de citoyens actuels et à venir. Cette politique doit se transmuer à plusieurs programmes économiques sectoriels de développement durable : agriculture et élevage durables, création d'emplois et multiplication des opportunités économiques durables (coopératives), stabilisation durable du cadre macro et microéconomique, favoriser des échanges commerciaux durables, fixation rationnelle des taxes, etc. Sur le registre des salaires, l'Etat doit améliorer les salaires des employés en supprimant les primes aléatoires. La sécurité socioprofessionnelle réside à un salaire décent et non toxique. Pour cela, la réhabilitation du SMIG est une priorité pour la sécurité et durabilité de la vie socio-économique.

Au niveau des ménages, l'économie domestique doit effectivement s'assoir sur des bases de fonctionnement durables. D'emblée, il faut dire que dans les ménages urbains congolaises, les possessions mal soutenues des ressources (épargne zéro) entretiennent les vulnérabilités socioéconomiques urbaines et ouvrent très peu aux opportunités du bien-être durable. Les ménages sont plus enclins aux consommations qu'aux productions. Cette polarisation de vie économique des ménages déséquilibre le circuit économique (production-consommation) et crée l'instabilité économique des ménages. En effet, plus la consommation sans production accroit plus le risque de vulnérabilités est grand. D'où, par exemple, Les jardins et les élevages (basse cours) parcellaires sont des pratiques encourageantes dans les ménages pour minimiser le choc de la crise alimentaire. Cependant, pour adjoindre les efforts de politique macroéconomique de l'Etat aux efforts d'initiatives de communautés locales pour le développement économique urbain durable, l'Etat est appelé à renforcer les structures ou les capacités économiques de ménages en tant que de forces de production en favorisant soit la création d'emplois pour tous les citadins actifs et présents dans tous les ménages soit l'octroi des crédits sociaux pour soutenir le niveau de production et de croissance économique des acteurs de résiliences économiques au niveau de ménages.

L'économie urbaine soutenable ou durable envisagée à ces deux niveaux d'organisation de vie économique est un processus qui doit se développer de l'intérieur. En d'autres termes, aux niveaux de l'Etat et des ménages urbains, il est impossible d'obtenir le développement durable sans penser au développement endogène ou à l'écodéveloppement. A travers cet idéal urbain, la politique économique soutenable s'obtient grâce à l'implication des communautés autochtones dans la gestion durable et soutenue de leurs écosystèmes sur base de leurs savoirs endogènes pour obtenir les résultats de l'écodéveloppement urbain.

Les ménages censés se constituer en forces économiques urbaine doivent savoir produire les biens et services localement et consommer les ressources de production locale. Cette stratégie économique endogène est une grande vertu de réduction de vulnérabilités économiques. Pour rendre utile l'écodéveloppement au cœur de la vie économique urbaine, il faut notamment : la sensibilisation, les séminaires, formations, stages etc. Toutes ces stratégies sont des mécanismes d'appropriation et de renforcement de capacités de divers acteurs sociaux à l'écodéveloppement, modèle de l'économie urbaine durable.

V.2.3. Satisfaction des besoins sociaux essentiels.

Dans l'environnement urbain congolais, les vulnérabilités urbaines prennent de l'ascenseur parce que les besoins sociaux essentiels ne sont pas satisfaits : alimentation, logement, vêtement, soins de santé primaire, éducation de base, assainissement et eau potable, énergie, etc. L'autorité provinciale doit faire de la satisfaction des besoins sociaux essentiels une priorité. L'Etat en tant que premier acteur doit compter sur lui-même et non compter sur les privés. En effet, la cherté de la vie se manifeste dans les l'environnement urbain parce que l'Etat a presque abandonné les secteurs sociaux entre les mains des opérateurs privés en quête des intérêts économiques. C'est cet abandon qui constitue la raison principale de la dégradation des conditions de vie sociale urbaine se reflétant par un très bas niveau d'Indices de Développement Humain (IDH).

Dans cette perspective, pour assurer la satisfaction de besoins sociaux essentiels pour tous, l'Etat doit suffisamment subventionner toutes les structures étatiques et privées qui fournissent les services sociaux de base (hôpitaux étatiques et conventionnés, écoles étatiques et conventionnées, SNEL, Régideso, transport public et privé, OVD, PNA, etc.). Les subventions, la standardisation des coûts sociaux de services et l'opérationalisation du régime de sécurité sociale sont des voies plausibles pour rendre accessibles les services sociaux aux populations urbaines. La durabilité socio-économique urbaine passe impérativement par l'équité dans la satisfaction de bien-être pour tous.

V.2.4. Stratégie morale et éthique

Face aux vulnérabilités environnementales profondes et aux résiliences urbaines qu'elles suscitent dans l'environnement urbain congolais, la préoccupation ultime de l'étude consiste à s'interroger sur ce que la population doit faire pour construire un environnement durable. Ce questionnement indique ainsi la nature éthique de la notion de durabilité environnementale.

En effet, l'on ne peut pas parler de la gouvernance sans l'homme, acteur principal de développement durable. C'est pourquoi, il faut la mise en œuvre de l'éthique dans le développement durable pour réduire les vulnérabilités environnementales urbaines. L'on doit faire appel à notre sens de responsabilité et à inscrire nos décisions (politiques, écologiques, économiques, sociales) sur un horizon de pensée inspiré par des valeurs et des représentations à caractère moral.

L'éthique de durabilité environnementale urbaine est à la fois une éthique volontariste et construite (responsabilité). La responsabilité étant diluée dans la crise, les citoyens doivent réapprendre le sens éthique de responsabilité pour conserver et maintenir la durabilité. La responsabilité est un dispositif moral qui renforce la précaution et la prévention, deux principes fondamentaux pour construire durablement l'environnement actuelle et à venir. D'autres valeurs morales humaines qui n'ont pas pu survivre chez les citadins face à la crise doivent également être sauvées du naufrage. Il s'agit de : solidarité, altruisme, équité, etc.

La responsabilité est un comportement moral qui s'acquiert par l'éducation. Au-delà de la conscience sociale et individuelle de la durabilité environnementale de la ville, l'avènement de la révolution éthique de durabilité environnementale urbaine de citadins passe par la moralité de l'Etat et de ses Institutions. L'Etat doit créer de conditions morales inconditionnelles et plausibles de durabilité environnementale urbaine face aux crimes environnementaux.

Cependant, les prescriptions éthiques de durabilité environnementale doivent être contenues dans les codes qui sont des outils indispensables de gestion environnementale urbaine durable. En effet, les lois morales obéissent aux prescrits formels. Sur le plan pratique, il faut la mise en place de comités et bureaux urbains d'éthique pour superviser les exigences de développement durable sur le terrain. Ces organes doivent servir de structures fonctionnelles de base pour la régulation et l'amélioration des approches et pratiques conformes et non conformes des populations aux exigences de durabilité environnementale urbaine.

Enfin, il faut des audits éthiques pour s'assurer de succès ou non de projet de développement durable urbain. Les audits éthiques sont des mécanismes de ''contrôle de degré de moralité dans la culture de l'entreprise'' de durabilité écologique et socioéconomique. Les audits constituent des grilles d'évaluation sérieusement élaborées pour apprécier la durabilité environnementale urbaine. Ils ont qualité et fonction de boussole ou d'outil d'estimation de performance. Cependant, il appartient au projet urbain de fixer préalablement ses indicateurs de durabilité de l'environnement urbain, pour permettre à l'organe d'audits éthiques d'être opérationnel, pour mieux évaluer le degré de performance réalisé ou atteint par le projet de durabilité.

V.3. STRATÉGIES JURIDIQUES ET REGLÉMENTAIRES

La durabilité environnementale est dans la mise en œuvre, le respect de règles, mécanismes ou stratégies juridiques et réglementaires appropriés et adéquats. C'est ainsi que la gouvernance environnementale signifie l'ensemble des règles, mécanismes et stratégies mis en place en vue d'une gestion responsable des ressources et de la promotion de la qualité de la vie. Il faut des instruments juridiques et réglementaires axés sur la durabilité environnementale urbaine pour administrer les ressources naturelles limitées dans l'espace et dans le temps, pour prévenir les risques naturels, les instabilités socioéconomiques et les conflits en vue de la réduction de vulnérabilités écologiques, économiques et sociales.

Dans l'environnement urbain en RDC, l'ordre juridique et réglementaire est au défi. Il existe des textes de droits, mais leur application pose de sérieux problèmes. Si cette applicabilité est effective, elle est l'affaire du petit peuple. En outre, beaucoup de matières sont surannées, dépassées. Ainsi dans le cadre de stratégies juridiques et réglementaires, il y a deux stratégies : soit innover les textes juridiques et réglementaires soit les rénover en vue de leur adaptation. Il n'y a pas encore de lois très formalisées sur : pollution, gestion des ressources halieutiques, flore et faune urbaines, etc. En outre, les contenus de plusieurs dispositifs réglementaires en application actuellement sont vieux. Ils datent de l'époque coloniale ou encore ils ont subi de légères modifications (autorisation et/ou permis de bâtir).

Cependant, quelques mesures doivent être prises soit pour innover ou rénover les lois environnementales soit pour appliquer les lois existantes sur le terrain. Pour l'innovation ou la rénovation des lois, au niveau du pouvoir législatif, il faut faire participer les Experts à l'élaboration ou à la restructuration des lois afin forger ou d'orienter le contenu de lois sur des fonds de durabilité environnementale. Les Juristes ne peuvent intervenir que dans l'habillement du texte de droit en matière environnementale.

Pour l'application des outils juridiques et réglementaires existants, il faut notamment : vulgariser les textes du droit environnemental au sein de la population pour une large connaissance de matières et dispositions réglementaires prévues, rendre les outils juridiques et réglementaires environnementaux opposables à tous, appliquer les sanctions et les peines pour les actes délictueux de dommages environnementaux.

V.4. STRATÉGIE TECHNO-SCIENTIFIQUE

Les villes en RDC s'engluent dans les vulnérabilités environnementales, à cause de l'ignorance écologique dans laquelle sombre la grande partie de sa population. La gestion environnementale urbaine laisse plutôt libre champ soit aux croyances mystico-religieux, soit à un écologisme creux des publics. Ceci est à la base d'un amalgame de connaissances écologiques populaires et confuses sur les questions environnementales.

Faute des exigences technico-scientifiques dans la gouvernance urbaine, des incertitudes et aléas ont pris de l'ampleur dans l'environnement urbain. Il faut révolutionner les connaissances pour trouver des solutions aux défis environnementaux complexes des villes congolaises, principaux facteurs de vulnérabilités multiformes que connait la population.

Eu égard à la crise multiforme en RDC, pour la résorber, les Scientifiques sont appelés à travailler en équipes interdisciplinaires. Ils doivent à tout prix s'imprégner de l'écologie comme science de solution de remplacement. Avec elle, ils sont appelés à mettre en pratique la planification écologique urbaine, avec enrichissement des connaissances relatives à l'écologie humaine, à l'ékistique et à l'écologie urbaine. Pour cette dernière, ils doivent renforcer le savoir relatif, entre autres : à l'ambiance urbaine, à la beauté de la ville, à la valeur de la ville, aux risques, à la valorisation patrimoniale, à la mémoire de lieux, aux multiples liens identitaires et affectifs avec l'environnement, etc.

Les problèmes environnementaux de villes congolaises étant complexes, leur compréhension en vue de trouver de solutions efficaces et efficientes de durabilité passe par une approche systémique devant être intériorisée par tous les Spécialistes. Cette dernière voudrait que les bases de connaissances scientifiques environnementales puissent se construire dans un cadre interdisciplinaire. Ainsi, dans cette stratégie technico-scientifique, l'université qui est une institution de recherche, d'enseignement... Il doit jouer son rôle actif et positif de production des savoirs et connaissances afin de faire face aux défis environnementaux de durabilité urbaine : pollution, changement climatique, épuisement des ressources, érosion de la biodiversité, gestion des déchets, cercle vicieux de la pauvreté urbaine, etc. Quant aux nouvelles perspectives de la ville verte, les Scientifiques doivent révolutionner les secteurs de l'énergie, d'eau, de l'éducation, du transport, de l'agriculture, etc.

L'écologie urbaine, branche de l'écologie appliquée, se doit d'apporter aux étudiants des connaissances sur : le fonctionnement naturel, les principes écologiques de durabilité et de protection de l'environnement urbain, l'ékistique, l'écodéveloppement urbain, la production et la consommation durables permises, etc. Ces apports donnent aux étudiants, futurs gestionnaires urbains, les bases scientifiques solides pour réussir les défis environnementaux urbains et endiguer les vulnérabilités écologique, économique et sociale de citoyens. Cette écologie urbaine doit être respectueuse de la systémique pour l'analyse de la pluridimensionnalité de la crise environnementale dans l'environnement urbain en RDC et une bonne intégration des défis pour des solutions environnementales durables qui s'imposent.

Pour matérialiser et réussir ce que précède, les universitaires, les politiques et les industriels doivent financer la recherche scientifique, l'accès aux technologies propres afin de mettre les villes congolaises sur la voie de la sécurité environnementale. Pour ce faire, les citoyens sont appelés à concilier particulièrement l'écologie scientifique, l'écologie politique et l'écologie citoyenne.

Conclusion

L'environnement urbain congolais vit, de façon générale, une évolution régressive, notée sur plusieurs plans : écologique, économique et social. Cette régression de la qualité du bien-être de ménages accélère les vulnérabilités environnementales urbaines. C'est pourquoi, au niveau de la vie individuelle et sociale (ménages), plus de 60% de ménages urbains congolais mènent une vie précaire, c'est-à-dire en deçà du seuil minimum acceptable.

Les vulnérabilités environnementales ont un impact négatif sur les ménages. Elles sont les résultantes de la pauvreté, de la précarité des conditions de vie dans les milieux urbains. Ainsi, abandonnés à leur triste sort, les ménages s'adonnent aux résiliences pour la survie. Cependant, ces mécanismes de résiliences urbaines, en voyant leur évolution et la qualité de vie qu'ils assurent pour les citadins, il n'y a pas lieu de croire en l'efficacité de ces stratégies pour un développement viable, durable.

En effet, le destin de durabilité urbaine se joue plutôt sur la bonne gouvernance pour faire disparaitre l'extrême pauvreté urbaine des vulnérabilités écologiques et socio-économiques.

Toutes les pistes et stratégies susmentionnées sont des solutions susceptibles d'amener la population urbaine congolaise à vivre dans un environnement durable et de participer au bonheur écologique.

S'il faut penser au développement durable de l'environnement urbain congolais, il faut recourir à une approche systémique qui reconnait l'interdépendance entre les dimensions écologiques, politiques et socio-économiques.

Dans cette perspective, le bonheur écologique urbain est un résultat qui se construit dans la manière des citadins à vivre dans un milieu sain, de manger sain, de se distraire ou se récréer dans un environnement biophysique sain, pour une santé mentale saine, de travailler et de se faire bien rémunérer, pour une vie sociale saine, etc. A ce 21ème siècle, il nous faut des villes écologiques, durables et non des villes cimetières.

Références bibliographiques

AGUESSE, P. (1971), *Clefs pour l'écologie*, éd. Seghers, Paris.

ALL GORE (1993), *Sauver la planète terre. L'écologie et l'esprit humain*, éd. Albin Michel, Paris.

AUGIER, H. (2008), Le livre noir de l'environnement, Etat de lieux planétaire sur les pollutions, éd. Alphée, Monaco.

BEAUCHAMP, A. (1993), *Introduction à l'Ethique de l'Environnement*, éd. Nathan, Paris.

BAÏROCH (1977), *Taille des villes, conditions de vie et développement économique*, éd. de l'Ecole des hautes études en sociales, Paris.

BROWN, L. (2003), *Eco-Economie : une autre croissance est possible, écologique et durable*, éd. Du Seuil, Paris.

BWALWEL, J. (1998), *Famille et habitat. Implications éthiques de l'éclatement urbain. Cas de la ville de Kinshasa*, éd. Scientifiques européennes, Berne.

COULAUD, D. (2010), *L'automoville, Ville, automobile et mode de vie*, éd. L'Harmattan, Paris.

DE MAXIMY, R. (1984), *Kinshasa, ville en suspens. Dynamisme de croissance et problème d'urbanisme. Approche socio-politique*, éd. Orstom, Paris.

DORIER, E. (2006), *Ville et Environnement*, éd. Sedes, Paris.

ELA, J.M. (1989), *La ville en Afrique noire*, éd. Kartala, Paris.

FUMUNZANZA, J. (2008), *Kinshasa d'un quartier à l'autre*, éd. L'Harmattan, Paris.

FUNDJI Ngungu (2013), *Politiques et stratégie de résolution de la crise d'enseignement dans la ville province de Kinshasa. Une contribution sociologique*, thèse de doctorat, Faculté des Sciences Sociales, Administratives et Politiques, UNIKIN, Kinshasa.

HUBERT F. et *al.* (2006), *Villes du Nord, Villes du Sud. Géographie urbaine, acteurs et enjeux*, éd. L'Harmattan, Paris.

GAPYISI, E. (1989), *Le défi urbain en Afrique*, éd. l'Harmattan, Paris.

GRANET, P. (1974), *Changer la ville*, éd. Bernard Grasset, Paris.

HERBERT, H. (1993), *Urbanisme, le guide du citoyen*, éd. Nouvel Horizon, Chicago.

LAMBIN, E. (2009), *Une écologie du bonheur*, éd. Le Pommier, Paris.

LELO, F. (2008), Kinshasa, *Ville et Environnement*, éd. L'Harmattan, Paris.

MERLIN, P. (2013), *L'Urbanisme*, éd. PUF, Paris.

MITI, T. et ALONI, K. (2008), « Ravinement dans la ville de Kinshasa face au changement climatique et coût de la lutte anti-érosive », Faculté des sciences, Université de Kinshasa, Kinshasa.

MONET, R. (2004), *Environnement. L'hypothèque démographique*, éd. L'Harmattan, Paris.

MUNKUOMO, G. (2024), *La performance des écosystèmes urbains congolais (RDC) à lumière de la dynamique d'Agenda 21 (1992)*, édition Presse de l'Université pédagogique nationale (PUPN), N° 099b (Avril –Juin), Kinshasa, pp. 57-66.

MUNKUOMO, G. (2023), *Précarités urbaines à Kinshasa : dynamique d'un écosystème urbain congolais en crise de la durabilité environnementale*, édition, Presse de l'Université Pédagogique Nationale (PUPN), Centre de recherche, N° 097 b, Kinshasa.

MUNKUOMO G, (2023), « Vision de l'ékistique au 21ème siècle à la lumière de la Charte d'Athènes et d'Agenda 21 : Enjeu du développement urbain durable », in *International Journal of innovation and Applied Studies*, ISSN 2028-9324, vol.40, Issue 3, Septembre 2023, pp ., Casablanca.

MUNKUOMO G. (2018), « Crise écologique et la responsabilité humaine : une lecture de l'encyclique « *Laudato Si* » du Pape François », in *Cahiers congolais de sociologie*, N° 39, Université de Kinshasa, Décembre, pp. 101-118, Kinshasa.

MUSIBONO, D. (2006), *Du marasme d'un Etat Squelette aux défis du développement durable*, Chaire UNESCO, UNIKIN.

PAIN, M. (1984), *Kinshasa, la ville et la cité*, éd. Orstom, Paris.

TOULIER, B. (2010), *Kinshasa, architecture et paysage urbains*, éd. Arter, Bruxelles.

YANKEL FIJALKOW (2007), *Sociologie des villes*, éd. La Découverte, Paris.

Table des matières

Parutions de la Collection « Dossiers, études et documents »

Créée et dirigée par Jean MPISI

*Jean MPISI, *Les papes et l'esclavage des noirs. Le pardon de Jean-Paul II*, 13/06/2008, 200 pages.

*Jean MPISI, *Prêtres africains en Occident. Leur ministère et restrictions vaticanes sur leur séjour*, 13/06/2008, 284 pages.

*Jean MPISI, *Les évêques africains et la traite négrière. "Pardon de l'Afrique à l'Afrique"*, 13/06/2008, 190 pages.

*Jean MPISI, *Traite et esclavage des noirs au nom du christianisme*, 13/06/2008, 254 pages.

*Jean MPISI, *Kivu, RDC : La paix à tout prix ! La conférence de Goma (6-23 janvier 2008)*, 18/06/2008, 296 pages.

*Jean MPISI, *Le Kivu pour la paix ! Les actes de la conférence de Goma (janvier 2008)*, 18/06/2008, 492 pages.

*Esdras KAMBALE Bahekwa, *Du Shaba au Katanga. A propos du "massacre" d'étudiants de Lubumbashi et de la période pré-insurrectionnelle (1990-1993)*, 20/06/2008, 154 pages.

*Innocent UNYON Kapka Katumba Oruma, *Le conflit armé en Ituri (RDC). La problématique de sa prévention et de sa gestion*, 21/01/2009, 150 pages.

*NKERE Ntanda Nkingi, *Educations des électeurs au Congo-Kinshasa : un défi de la République*, 19/02/2009, 222 pages.

*NKERE Ntanda Nkingi, *La crise financière internationale de 2008 et ses conséquences en RDCongo*, 18/09/2009, 136 pages.

*Jean MPISI, *Antoine Gizenga pour la gauche en RDC*, 19/10/2011, 130 pages.

*Antoine GIZENGA, *Ma vie et mes luttes*, 24/11/2011, 412 pages.

*Philippe BIYOYA Makutu Kahandja, *Diplomatie congolaise régionale. Nouveaux fondements, défis et enjeux*, 23/11/2011, 376 pages.

*Augustin N. KALUBI, S.j., *Vision et leadership d'Ignace de Loyola. Pour une éducation de qualité*, 17/01/2014, 194 pages.

*Bienvenu BOLIA Ikoli, *Kinshasa ma ville, ma capitale*, 01/10/2014, 444 pages.

*Philippe BIYOYA Makutu Kahandja, *Quête africaine de l'ordre mondial. Portée et limites des voies d'insertion au système international du monde bipolaire*, 31/10/2014, 340 pages.

*Jean MPISI, *Rapport sur la thématique politique*, 07 avril 2015

*Adolphe MUZITO, *Installation de nouvelles provinces en RDC. Défis et contraintes*, 23/10/2015.

*Jacques FUMUNZANZA et Jean MPISI, *Les tribunes d'Alphonse Muzito pour changer la RDC*, 29/01/2016, 272 pages ("Les dix textes d'Alphonse Muzito - une "pré-tribune" et neuf tribunes).

*Innocent UNYON Vakpa Katumba Oruma, *La province de l'Ituri (RDC) - Rôles des communautés de base face aux enjeux géostratégiques, géopolitiques et socio-économiques*, 21 mars 2016, 224 pages.

*Jean MPISI, *Ali-Foreman, le combat du (XXe) siècle,* 17 septembre 2020, 568 pages.

*Jean MPISI, *Le Programme sino-congolais pour le développement des infrastructures en RDC*, 21 septembre 2020, 525 pages.

*Jean MPISI, *La SICOMINES (Sino-Congolaise des Mines)*, 29 septembre 2020, 500 pages.

*Mathias BUABUA wa Kayembe, *Droit économique congolais*, 23 septembre 2021, 288 pages.

*Laurent KALOMBO Tsindela, *Propos autour de la littérature congolaise*, 10 mars 2023, 436 pages.

*Ansoom Bwang Bazol Rogatien ONDAIN, *Paradigmes spatiaux et épuration des mœurs sociales congolaises dans Le Délégué Général de Mathias Buabua wa Kayembe*, 12 mai 2023, 208 pages.

*Casimir ILUNGA Kasambay, *La publicité – Concepts et principes*, 7 décembre 2023, 103 pages.

*Casimir ILUNGA Kasambay, *L'essentiel du marketing*, 7 décembre 2023, 104 pages.

*Paul BAZAKANA Bayete, *Journaliste de Kinshasa à Paris*, 28 décembre 2023, 122 pages.

*Paul BAZAKANA Bayete, *Dans l'ombre de Tabu Ley. Anecdotes et souvenirs*, 4 janvier 2024, 188 pages.

*Mathias BUABUA wa Kayembe, *Finances publiques congolaises. De l'orthodoxie et de la mobilisation des ressources*, 12 décembre 2024, 92 pages.

*Erasme FUNDJI Ngungu, *Crise de l'enseignement en RDC. Politique et stratégies de sa résolution*, 27 mars 2025, 207 pages.

*Jean MPISI, *Le pape à Kinshasa*, 30 avril 2025, 456 pages.

*Claude-Pierre OKONDJO WANDJA (sous la dir. de), *Visions et stratégies pour le développement de la province du Sankuru*, RDC, 26 juin 225, 270 pages.

Structures éditoriales du groupe L'Harmattan

L'Harmattan Italie
Via degli Artisti, 15
10124 Torino
harmattan.italia@gmail.com

L'Harmattan Hongrie
Kossuth l. u. 14-16.
1053 Budapest
harmattan@harmattan.hu

L'Harmattan Sénégal
10 VDN SICAP AMITIE 3
BP 45034 Dakar-Fann
direction@senharmattan.com

L'Harmattan Cameroun
Tsinga/Derrière polyclinique FECAFOOT
BP 11486 Yaoundé
Jacques.koukam@harmattan.fr

L'Harmattan Burkina Faso
Villa 281, secteur 23 623, rue 14.32
Ouagadougou
zagbie@outlook.fr

L'Harmattan Guinée
Almamya, rue KA 028 OKB Agency
BP 3470 Conakry
harmattanguinee@yahoo.fr

L'Harmattan RDC
185, avenue Nyangwe
Commune de Lingwala – Kinshasa
matangilamusadila@yahoo.fr

L'Harmattan Congo
219, avenue Nelson Mandela
BP 2874 Brazzaville
deunovmikhael@gmail.com

L'Harmattan Mali
Immeuble Mgr Jean Marie Cissé
Aci Hamadallaye
BP 145 Bamako
syllaka@yahoo.fr

L'Harmattan Togo
Djidjole – Maison Amela
face EPP BATOME
02 BP 20680 Lomé
didieramela11@gmail.com

L'Harmattan Côte d'Ivoire
Résidence Karl – Cité des Arts
Abidjan-Cocody
03 BP 1588 Abidjan
harmattan.ivoire@gmail.com

L'Harmattan Bénin
Rue 604, (Immeuble à l'entrée
de la rue UCAO- Cite de Saint-Jean)
Cotonou
stepcorpus@gmail.com

Nos librairies en France

Librairie internationale
16, rue des Écoles
75005 Paris
librairie.internationale@harmattan.fr
01 40 46 79 11
www.librairieharmattan.com

Librairie des savoirs
21, rue des Écoles
75005 Paris
librairie.sh@harmattan.fr
01 46 34 13 71
www.librairieharmattansh.com

www.ingramcontent.com/pod-product-compliance
Lightning Source LLC
LaVergne TN
LVHW051402061026
849535LV00009B/3321